세상을 향해 어퍼컷

2008년 8월 20일 초판 1쇄 발행. 2021년 4월 30일 개정판 2쇄 발행. 국가인권위원회가 기획하고 육성철이 썼으며, 하자센터 ToT의 그림자, 새삼, 센, 오드리, 유메, 제이가 그림을 그렸습니다. 도서출판 샨티에서 박정은이 펴내고, 이홍용이 편집을, '새와 나무'가 표지 및 본문 디자인을 하였습니다. 이강혜가 마케팅을 합니다. 인쇄는 수이북스, 제본은 성화제책에서 하였습니다. 출판사 등록일 및 등록번호는 2003. 2. 11. 제25100-2017-000092호이고, 주소는 서울시 은평구 은평로 3길 34-2, 전화는 (02) 3143-6360, 팩스는 (02) 6455-6367, 이메일은 shantibooks@naver.com입니다. 이 책의 ISBN은 978-89-91075-48-1 03300이고, 정가는 15,000원입니다.

이 도서의 국립중앙도서관 출판시도서목록(CIP)은 e-CIP홈페이지(http://www.nl.go.kr/ecip)에서 이용하실 수 있습니다. (CIP제어번호: CIP2011001690)

세상을 향해 어퍼컷

육성철 지음

답답하고 억울한 세상에 통쾌한 한 방을 날린
서른여덟 명의 용감한 사람들

【산티】

□ 차례

젊은 그대, 권리 위에 낮잠 자지 말라

2001년 초 겨울바람이 차가운 어느 새벽, 저는 기자 신분으로 명동성당을 찾았습니다. 올바른 국가인권기구를 만들기 위한 인권 단체 활동가들의 농성을 취재하기 위해서였죠. 강추위와 눈보라 속에서 인권 활동가들은 스티로폼을 깔고 누운 채 비닐을 뒤집어쓰고 있었습니다. 그들의 몸 위에 눈덩이가 켜켜이 쌓여 울퉁불퉁한 탑을 이뤘습니다. 그대로 얼어 죽은 게 아닐까 싶을 정도로 그들의 몸은 뻣뻣하고 차가웠습니다. 마음 같아서는 인근 식당에서 뜨끈한 국물이라도 배달하고 싶었지만 그들은 단식중이었습니다. 인터뷰 내내 그들의 처절한 싸움에 고개를 숙였던 기억이 납니다.

국가인권위원회 공무원이 된 이후 다양한 사람들을 만났습니다. 단순히 만남의 횟수로만 치자면 기자 시절보다 적었겠지만, '인권'이란 프리즘을 통해 만난 사람들의 모습은 제게 새로운 의미로 다가왔습니다. 교도소 수용자, 이주노동자, 장애인, 정신질환자, 성적 소수자, 청소년, 철거민, 새터민…… 그들을 단지 인권 약자나 소외계층이란 묶음 속에 넣고 그에 따르는 사회적 의미를 부여하는 것만으로는 어딘가 허전했습니다. 그것이 인권 현장에서 상처받은 이들의 목소리를 기록하게 된 첫 번째 이유입니다.

기자 출신 공무원으로서 '무엇이 한국 사회를 긍정적인 방향으로 이끌 것인가'에 대한 화두를 자주 떠올리며 살았습니다. 학생운동의 언저리에 머물렀던 시절엔 그것이 '시민의 단결'이라 믿었고, 기자로 뛰던 무렵엔 '정치적 게임'으로 여겼습니다. 그러던 제가 요즘은 그 어느 쪽도 아닌 곳에서 새로운 메시지를 발견하고 놀라곤 합니다. 작지만 소중한 문제에 남다른 관심을 쏟는 이들의 인간적 면모에서 '사람이 사람답게 사는 세상'의 가능성을 엿보는 것입니다.

이 책에 소개한 분들도 바로 그런 사람들입니다. 어려운 조건에서도 자신과 이웃의 상처를 보듬어 안고 작은 권리 찾기에 적극적으로 나선 이들이 바로 이 책의 주인공들입니다. "그렇게 해봐야 무슨 이득이 있냐?"는 물음에 이들은 "당장의 나보다 미래의 누군가를 위해"라고 답하고 있습니다. 이들이 다양한 방식으로 던진 도전적 문제 제기는 국가인권위원회의 결정과 판단을 통해 인권의 새로운 기준이 됐습니다. 작지만 의미 있는 변화를 일구어낸 그들이야말로 우리 사회를 건강한 방향으로 이끄는 진정한 '인권지킴이'라 불러야 하지 않을까 싶습니다.

틈틈이 써왔던 원고를 책으로 내겠다는 결심을 세울 무렵 국가인권위원회는 설립 이래 최대의 위기를 맞았습니다. 국가인권기구의 생명이자 근간이라 할 수 있는 독립성 문제가 뜨거운 쟁점으로 등장한 것입니다. 7년 전 독립적 인권 기구를 만들기 위해 노숙 농성도 마다하지 않았던 인권 활동가들이 또다시 명동성당 들머리에 드러누웠습니다. 이번엔 앳된 얼굴의 10대 청소년 단체 회원들까지 농성단에 합류했습니다. 그들이 시멘트 바닥에 잠자리를 펴자 예외

없이 강추위가 몰려왔습니다. 가만히 서 있기만 해도 오금이 저리고 무릎이 시리던 겨울밤, 농성장 한쪽 구석에서 그들이 쏟아내는 인권에 대한 열정적 발언을 들으며 저는 또다시 고개를 숙이지 않을 수 없었습니다. 이 책을 쓰는 동안 내내 명동성당의 겨울 풍경을 떠올리며 느슨한 마음을 다잡았음을 고백하며 인권위에 보내준 인권 활동가들의 뜨거운 애정에 다시금 경의를 표합니다.

원고를 마무리하던 무렵엔 눈길이 창밖으로 향하는 시간이 길어졌습니다. 인권위 앞에서 연일 벌어지는 촛불집회를 바라보며 때로 움찔 놀라고 때로 깊은 상념에 잠기곤 했습니다. 청소년 시절 학교 담장 한 번 제대로 넘어본 일이 없는 저 같은 사람의 눈에 2008년 여름, 중고생들이 거리에서 뿜어낸 에너지는 신선한 충격이었습니다. 자신의 생각을 자유롭게 밝히고 당당히 행동하는 모습은 청소년들이 사회변화의 중심 세력으로 등장하고 있음을 상징적으로 보여줍니다.

인권에 관한 일을 하면서 인권 교육의 필요성을 자주 실감합니다. 특히 청소년기의 경험은 인권 감수성 형성에 중요한 영향을 끼치는 듯합니다. 청소년기를 단순히 어른이 되기 위한 준비 과정으로만 봐서는 안 될 것입니다. 청소년도 완성된 인격의 주체로서 헌법과 국제인권법이 보장하는 권리를 마땅히 누려야 합니다. 자신의 권리를 분명하게 인식할 때만이 이웃의 권익을 보살피고 부당한 차별에 맞설 수 있습니다.

이 책에 등장하는 서른여덟 명의 인권지킴이들은 이제 막 인권의 의미를 되새기기 시작한 이들에게, 특히 청소년들에게 귀중한 시사점을 던져줄 것이라 생각합니다. 그들은 현실의 모순을 지나치지 않았고 주변의 상처 또한 외면하지 않았습니다. 자신의 권리를 스스로 지키려 노력했고, 일상을 억압하는 거대한 벽 앞에서도 무릎을 꿇지 않았습니다. 그들 중 일부는 자신의 뜻대로 차별의 장막을 걷어치웠지만, 또 다른 이들의 싸움은 아직도 끝나지 않았습니다. 이 책을 접하게 될 독자들이 그 마음을 나누고 차별의 장막을 거두는 일에 기꺼이 동반자로 나섰으면 합니다.

세계인권선언이 환갑을 맞는 해에, 인권위의 독립성이 국내외적으로 공인된 시점에, 그리고 미래의 주역인 청소년들의 함성이 온라인과 오프라인에서 거대한 메아리를 만들고 있는 순간에, 인권을 주제로 한 책을 내게 된 사실이 무거운 책임으로 다가옵니다.

흠이 많은 원고를 깔끔하게 다듬어준 샨티출판사 식구들, 저마다의 개성으로 그림을 그려준 하자센터 ToT 여섯 명의 청소년들, 인터뷰 자료를 제공하고 직접 원고까지 검토해준 인권위 조사관들, 그리고 이 책에 소개된 38명의 인권지킴이들에게 깊이 감사드립니다. 끝으로 아빠의 역마살을 너그러이 받아준 가족에게 미안함을, 아울러 경기도 안양에서 공동체 마을의 기초를 닦고 있는 정겨운 이웃들에게 연대와 우정의 마음을 보냅니다. 모쪼록 책 속의 주인공들이 내지른 목소리가 많은 이들의 가슴 속에서 강한 울림을 만들었으면 합니다. '젊은 그대, 권리 위에 낮잠 자지 마라.'

2008년 뜨거운 여름 광장에서
육성철

새로운 인권 거버넌스를 꿈꾸며

초판을 찍고 6년이 지났습니다. 변변치 못한 글이 9쇄를 넘겼으
니 전적으로 편집자의 노고와 독자들의 너그러움 덕분입니다. 여섯
해 전 나는 '인권'의 이름으로 희망을 꿈꾸었으나, 현실은 기대와
크게 멀어졌습니다. 그해 봄부터 가을까지 광화문은 민주주의가 살
아 숨쉬는 '교실'이었으되, 지금의 광화문은 제 자식이 죽은 이유라
도 밝혀달라는 부모의 외침마저 내치고 외면하고 있습니다. 이것이
개정판에 기대어 사족을 덧붙이는 까닭입니다.

나는 인권의 보편성을 과신한 것 같습니다. 인권의 확장은 한국
사회가 외면할 수 없는 세계적 흐름이라 여겼습니다. UN 사무총장
까지 배출한 국가의 품격이 이처럼 허무하게 무너지리라고는 미처
상상하지 못했지요. 그러나 우려는 참극이 되었고, 공든 탑은 뿌리
째 뽑혔습니다. 민주주의의 척도라 할 '표현의 자유' 측면에서 대
한민국은 끝없이 추락하고 있습니다.

6년간 돌아본 인권 현장은 참담합니다. 동료들의 해고를 막겠다
고 309일간 35미터 크레인에서 버틴 한진중공업 김진숙 지도위원,
무려 25명이 목숨을 잃고도 공장으로 돌아가지 못한 쌍용자동차 노

동자들, 국책 사업이란 이유로 생명의 땅에서 강제로 쫓겨난 제주 강정마을 주민과 밀양 송전탑 노인들…… 국가는 소름끼치는 현장마다 '공권력'과 '경쟁력'의 깃발을 꽂았고, 사회적 약자들은 그 어느 곳에서도 인권의 마지노선을 지키지 못했습니다.

《세상을 향해 어퍼컷》은 일상에 침묵하지 않은 인권지킴이들이 국가인권위원회를 통해 일구어낸 희망의 메시지입니다. 물론 인권위의 허망한 몰락 속에서도 소시민들의 '어퍼컷'은 여전히 유효한 동력입니다. 다만 앞으로 답답한 세상을 뒤흔들 에너지는 국가 인권기구 바깥에서 훨씬 매력적으로 분출될 듯합니다. '인권 허브'의 지위를 상실한 인권위의 '대체제'로 지방 자치 단체와 NGO의 다채널 '인권 거버넌스'가 속속 등장하고 있습니다.

2014년 4월 16일, 전남 진도 앞바다에서 세월호가 침몰했습니다. 국가는 단 한 사람도 구조하지 못하는 희대의 비극으로 국민을 배신했습니다. 이 충격적인 사건을 계기로 이제 국민의 인권은 국민 스스로 요구하고 지켜야 하는 시대로 접어들었습니다. 국가와 인권의 조화를 꿈꾸었던 어느 전직 대통령의 메시지는 그래서 더욱 간절합니다. "민주주의 최후의 보루는 깨어 있는 시민의 조직된 힘입니다."

2014, 갑오년 초가을,
인권을 '밥벌이'로 여기는 삶이 부끄러운 시절에 다시 쓰다

어퍼컷

끝나지 않은 노래, 교실 이데아

교실에서의 인권찾기

촛불아, 세상을 밝혀라

미국산 쇠고기 수입 반대 촛불시위 참여한 최영우 군

1987년 여름, 우리 사회에 거대한 변화의 바람이 불었습니다. 권위주의 시대와의 결별을 상징적으로 선언한 6월 민주 항쟁이 그것입니다. 그해 1월 서울대생 박종철 씨는 한밤중 영문도 모른 채 경찰에 연행되었다가 물고문을 당하고 숨을 거두었습니다. 경찰은 "'탁' 하고 치니, '억' 하고 죽었다"는 말로 박 씨에 대한 고문 사실을 철저히 은폐했지만, 사건 관계자의 양심선언과 언론의 폭로가 이어지면서 전두환 정권은 치명상을 입었습니다. 그리고 전국의 주요 도시에서 대학생들을 중심으로 군사 독재의 만행을 규탄하는 시위가 계속되는 동안 연세대생 이한열 씨가 경찰이 쏜 최루탄에 맞아 목숨을 잃었습니다.

이 씨의 장례식이 치러진 서울 시청 광장엔 100만 명에 가까운 시민들이 몰려 나와 민주주의의 승리를 기원했습니다. 그 결과가 바로 1987년 헌법이었고, 국민들은 16년 만에 대통령을 직접 뽑을 수 있는 권리를 되찾았습니다.

그로부터 21년이 지난 2008년 여름, 서울 도심엔 수개월 동안이나 촛불의 물결이 밤을 밝혔습니다. 이번엔 중고생들이 먼저 불을 밝혔고, 주부와 직장인들이 가세한 뒤 대학생과 노동자가 마지막으로 합류했습니다. 1987년의 거리가 "직선제, 민주 헌법 쟁취"라는 단일한 구호로 뒤덮였다면, 2008년의 도심엔 수많은 목소리들이 모자이크처럼 얽힌 채 크고 작은 감동을 선물했습니다. 처음엔 미국산 쇠고기 수입에 반대하는 사람들이 중심을 이루었으나 시간이 갈수록 우리 사회 구석구석에 파묻힌 생활의 문제들이 등장했습니다. 어쩌면 2008년 촛불 집회는 참가자 모두가 주인공으로 출연한 보기 드문 축제형 집회로 기록될지도 모릅니다.

최영우 군은 A고등학교 2학년으로 2008년 촛불 집회의 전 과정을 함께했습니다. 청소년 인권 단체 회원으로도 활동중인 최 군은 중학교 때부터 거리 피켓팅을 했을 만큼 사회 문제에 대한 관심이 남달랐습니다. 교육부가 발표한 고교 내신등급제*가 학생들을 입시 전쟁으로 내몰고 있다며 친구들과 함께 거리로 나갔던 일

■ 일선 학교에서 내신 성적을 부풀리는 것을 막기 위해 절대 평가에서 상대 평가 방식으로 바꾼 제도. 2008년 대학 입시에 적용됐으나, 논란 끝에 대폭 수정되었다.

화가 이를 잘 보여줍니다. 학교에서 중상위권의 성적을 유지하던 최 군은 내신등급제가 민감하게 다가왔습니다. 시험이 다가오면 친구끼리 노트도 빌려주지 않을 만큼 삭막해지는 분위기가 안타까웠습니다. 최 군의 눈에 내신등급제는 서로 돕고 지내야 할 친구를 적으로 만드는 야만적인 제도였습니다. 그것이 그를 거리 시위로 이끈 원인입니다. 최 군이 친구들과 함께 만들었다는 피켓엔 그 나이 또래의 진솔한 고백이 담겨 있습니다. "우리는 동물이나 고기가 아닙니다. 우리는 친구끼리 싸우고 싶지 않습니다."

부모님은 최 군이 어릴 때부터 가끔씩 집회 현장을 데리고 다녔는데 그 무렵 아버지는 아들에게 평생 잊지 못할 가르침을 주었다고 합니다.

"여기 모인 사람들의 행동을 불법이라고만 생각해서는 안 된다. 나중에 네가 이 자리에 올 수도 있고, 우리나라 사람 누구라도 언젠가 이런 일을 하게 될지 모른다."

2008년 봄, 최 군은 더 많은 사람들과 교육 문제를 고민하고 나누기 위해 청소년 인권 단체 '아수나로'에 가입했습니다. 이번엔 새 정부의 4·15 교육 자율화 발표**가 그의 마음을 흔들었습니다. 최 군이 보기에 4·15 조치는 사실상 학교를 학원으로 만들 수 있는 엄청난 사태였습니다. 상당수 학교가 이미 음성적인 방식으

** 석차에 따른 우열반 편성, 수준별 이동 수업 실시, 0교시 및 야간 보충 수업 가능 등의 내용이 포함되어 있어 교육계는 물론 사회적 논란을 일으켰다.

로 우열반을 편성하고 수준별 이동 수업을 실시하고 있었기 때문에 최 군의 걱정은 더욱 컸습니다.

최 군이 다니는 학교에서도 이미 영어와 수학 성적의 평균 점수로 상·하반을 운영하고 있습니다. 영어에 비해 수학이 약한 최 군은 상반과 하반을 모두 경험했다고 합니다. 상반이나 하반이나 배우는 게 비슷한데도 상반 학생들이 하반 아이들을 노골적으로 무시하는 걸 보면서 우열반은 학교에서 사라져야 할 제도라는 생각이 들었다고 합니다.

최 군은 이번에도 피켓을 들고 거리로 나왔습니다. 부모님도 그에게 힘을 실어주며 "학업에 지장 받지 않을 만큼만 했으면 좋겠다"는 당부를 남겼습니다. 그래서 최 군은 주중에는 학원에 가고 주말에만 피켓팅에 참여했습니다. 서울시청 옆 덕수궁 부근이 최 군이 속한 인권 단체가 모이는 장소였습니다. 이곳에서 시민들을 향해 청소년들의 휴식권과 건강권을 외치는 사이 자연스럽게 미국산 쇠고기 수입에 반대하는 거대한 촛불 행렬을 만났습니다.

얼핏 청소년 인권과 광우병은 연관성이 없어 보이지만 최 군은 두 가지 사안이 다르게 느껴지지 않았다고 합니다. 둘 다 새로운 정부에서 추진했고 청소년들의 건강에 영향을 끼칠 수 있으며 시민들과 함께 바로잡아야 할 사안이라고 판단한 것입니다.

바로 그 즈음, 일부 학교에서는 학생들의 촛불 문화제 참석을 막기 위해 다양한 대비책을 세웠습니다. 선생님들이 직접 문화제 현장을 지키는가 하면 가정 통신문을 발송하기도 했습니다. 최 군은 이것 역시 문제가 있다고 여겨져 다른 청소년 단체에서 활동하는 친구들과 함께 국가인권위원회(이하 국가 인권위)에 긴급 구제를 요청했습니다.

국가인권위의 판단은 신속하게 나왔습니다. "학생이나 청소년이라고 해서 집회의 자유나 표현의 자유를 제한해서는 안 된다." 너무나 당연한 원칙임에도 이 결정에 대한 세간의 인식은 예민했습니다. 어느 유명 인사는 모 매체에 기고한 칼럼에서 "촛불 문화제에 참석한 청소년들이 정치 세력에 이용당하고 있다"고 비판하기도 했습니다. 그러나 촛불 집회 현장에서 만난 청소년들은 누군가의 선동에 쉽게 휩쓸릴 만큼 여리지 않았습니다. 도리어 오랜 세월 청소년들을 학교의 담장 안에만 가둬온 기성세대의 편견을 되짚어봐야 할 만큼 청소년들의 주장과 논리는 탄탄했습니다.

5월 31일과 6월 1일 새벽 경찰과 시위대는 청와대로 향하는 길목에서 충돌했습니다. 경찰은 물대포를 쏘았고 시위대는 날이 샐 때까지 격렬하게 맞섰습니다. 헌법상 기본권인 집회의 자유가 폭넓게 보장되어야 하는 것 못지않게 평화적 시위 문화를 정착시키는 일도 중요한 과제입니다. 그런 관점에서 5월 마지막 밤의 기억은 최 군에게도 아쉬움으로 남아 있습니다.

"폭력으로는 결코 국가를 이길 수 없다고 봅니다. 시민들이 유모차까지 끌고 나온 상황에서 폭력 사태는 무조건 피해야 한다고

생각했어요."

비폭력에 대한 최 군의 생각은 매우 확고합니다. 그는 어떤 이유로도 폭력이 정당화될 수 없다는 소신을 수차례 강조했습니다. 그가 요즘 교내 폭력 문제에 관심을 갖고 대안을 모색하고 있는 것도 이와 무관하지 않습니다. 머리를 규정대로 자르지 않았다고, 교복 안에 다른 옷을 입었다고, 책 표지에 이름을 오른쪽에 쓰지 않았다는 이유로 수많은 학생들이 손바닥으로, 주먹으로, 야구방망이로 구타당하는 현장을 지켜보면서 최 군은 어떻게든 잘못된 관행을 바꿔야겠다고 결심했습니다.

학교에서 학생이 선생님을 상대로 인권 문제를 제기한다는 건 쉽지 않은 일입니다. 그럼에도 그는 이미 발걸음을 내딛었습니다. 목을 강하게 얻어맞아 하루 종일 말을 못하는 아이, 때리지 않는 선생님을 찾기가 어려울 만큼 체벌이 일상화되어 있는 학교, 학생이 병원에 실려 갈 만큼 상처를 입었는데도 아무 일 없었다는 듯이 교단에 서는 교사…… 최 군이 폭력 문제에 대해 더 이상 침묵할 수 없는 속사정이 여기에 있습니다.

최 군의 꿈은 정치인입니다. 세상의 복잡한 문제가 꼬였을 때 그것을 풀어줄 책임이 정치인에게 있다고 그는 믿고 있습니다. 촛불 문화제도 예외가 아닙니다. 거리의 경찰과 시민들에게 해결을 맡길 것이 아니라 정치인들이 먼저 대안을 내놓고 국민을 설득해야 한다는 게 최 군의 생각입니다. 시민과 대통령이 치열하게 논쟁하면서 때로는 시민이 협조하고 때로는 대통령이 생각을 바꾸는 세상, 그것이 최 군이 꿈꾸는 정치의 이상형입니다.

내년이면 최 군도 고3입니다. 정치인의 길을 가기 위해 그는 내년엔 잠시 거리에서의 활동을 접고 교실에서 살겠다고 말합니다. 지금껏 벌여 놓은 일을 올해 안에 매듭짓고 못 다한 일은 대학생이 된 뒤 다시 시작하겠다고 합니다.

청소년 인권에 관한 얘기를 꺼낸 순간부터 생기 넘치는 말로 자신이 걸어온 길을 막힘없이 풀어헤친 최 군. 그는 인터뷰를 마치자마자 곧바로 서울 시청 광장의 시민 토론회장으로 나갔습니다. 2008년 촛불 문화제는 최 군에게 하나의 신명나는 축제처럼 보였습니다.

끝나지 않은 노래, 교실 이데아

강제 이발 진정한 이태준 군

　　　　　　　　"왜 바꾸지 않고 마음을 조이며 젊은 날을 헤맬까~ 왜 바꾸진 않고 남이 바꾸길 바라고만 있을까~ 됐어! 됐어! 됐어! 됐어! 이제 그런 가르침은 됐어!"

　서태지와 아이들의 3집 앨범에 실려 있는 〈교실 이데아〉의 노랫말입니다. '1990년대의 문화적 아이콘'으로 불리는 '시대의 문제아'들은 권위주의와 경쟁으로 표상되는 한국 제도 교육의 현실을 통렬하게 비웃었습니다. 이른바 주류 사회에 익숙한 기성세대는 그들의 절규를 지나가는 소음 정도로 여겼을지도 모르겠지만, 시간이 흐를수록 그들의 목소리는 새로운 시대를 열어가는 강력한 울림이 되고 있습니다.

1929년, 식민지 조국의 여학생들이 일본 중학생들에게 모욕을 당하자 일군의 학생들이 분연히 일어났습니다. 그것이 유명한 광주학생운동의 서막이었습니다. 1960년, 이승만 독재 정권이 3·15 부정 선거를 통해 재집권하자 경남·마산 지역에서는 시민과 학생이 대대적인 시위를 벌였고, 이 과정에서 마산상고에 갓 입학한 17세 김주열 군이 최루탄에 맞아 목숨을 잃었습니다. 그의 죽음은 결국 4월 혁명의 도화선이 되었습니다.

이렇듯 한국 현대사에서 중요한 순간마다 역사의 현장을 바꾸었던 고등학생들이 어느 순간 학교 담장 뒤로 숨어버렸습니다. 정확히 말하면 기성세대가 그들을 담장 안에 가두어버렸습니다. 그들에게 새롭게 열린 환경은 치열한 입시 경쟁과 엄격한 학교 권위주의입니다. 좋은 대학에 들어가기 위해 열심히 공부하는 학생들과 이를 따라가지 못한 채 방황하는 청소년들 모두, 우리 시대가 강요하고 있는 오밀조밀한 그물 안이 편안하지만은 않습니다. 그물에 갇힌 물고기는 자유를 그리워하고, 그물 밖으로 튕겨 나온 물고기는 그물에 대한 애증을 간직한 채 살아갑니다.

2007년 벽두에 한국을 방문한 미래학계의 석학 앨빈 토플러는 한국 사회의 압축 성장 신화를 높이 평가한 뒤 "계속해서 앞으로 나아가기 위해서는 교육 혁명이 필요하다"고 강조했습니다. 지식의 양적 축적으로는 더 이상 발전을 기대하기 어려우니 창의력을 기르는 데 힘써야 한다는 얘기일 것입니다. 모범 답안을 제시하기에 앞서 스스로 답안을 고민하게 만드는 사회, 다수가 '예스'라고 해도 '노우'라고 말하는 청소년들이 당당하게 나설 수 있는 학교, '다른 선택'을 존중하고 포용할 수 있는 교육. 바로 여기에서 미래 경쟁력의 화두라 불리는 창의력이 싹트지 않을까 합니다.

이태준 군은 서울에서도 명문고로 알려진 S고를 다녔습니다. 고2 때 예체능계로 진로를 바꿔 학과 공부에 대한 부담이 다소 줄어들긴 했지만, 밤잠을 줄여가며 입시 공부에 매달려도 시간이 모자라기는 마찬가지였습니다. 이런 와중에 이 군은 뜻하지 않게 전국의 중고생들에게 폭발적인 관심을 끄는 뉴스 속 인물이 되어버렸습니다. 그는 바로 2005년 3월 "강제 두발 단속은 인권 침해"라며 국가인권위에 진정서를 제출한 세 명의 학생 중 한 명이었습니다.

이 군은 S고에 입학하기 전 J중학교를 다녔습니다. 두발 제한이 없었던 J중학교에서 학생회장을 맡아, 학교에 매점을 만들고 여자 화장실에 생리대 자판기를 설치하는 등 학생들의 불편을 해소하는 일에 앞장섰다고 합니다.

하지만 자신의 의사와 무관하게 학군 배정을 받아 S고에 입학하면서 이 군의 머리카락은 성할 날이 없었습니다. 입학한 지 두 달쯤 됐을까요? 어느 선생님이 수업중에 예고도 없이 7~8명을 불러내 가위로 머리카락을 잘랐습니다. 신입생 오리엔테이션에서 "앞머리 4센티미터, 뒷머리 스포츠"라는 교칙을 들은 적은 있었지만, 선생님이 직접 머리카락을 자를 것이라고는 상상조차 못했습니다. 이날 이 군을 더욱 당혹스럽게 한 것은 가위질을 마치고 난 선생님의 훈시였다고 합니다.

"우리 S인들은 머리에 신경 쓰지 말아야 한다. 그게 우리의 자랑이다. 명문고 학생답게 품행을 단정히 하라!"

이날의 충격은 오래 갔습니다. 두피가 흉측하게 드러난 거울 속 모습은 부끄러움을 넘어 슬픔을 느끼게 만들었습니다. 행여 남들이 볼까 교문 앞에서 택시를 잡아타고 집으로 가면서 수도 없이 되짚어보았지만 결론은 똑같았습니다.

"이건 부당한 일이다."

그때부터 이 군의 가슴속에는 무의식적인 반발심이 꿈틀거렸습니다. 그런 이유로 머리카락이 길게 자라도 이발소를 찾지 않았고, 이후 이 군의 머리카락은 여섯 번이나 더 선생님의 가위에 잘려나갔습니다.

"다른 친구한테 내 교복을 입혀서 두발 검사를 받게 하고, 조회 시간마다 화장실에 숨기도 했어요. 그런데 어느 순간부터 내가 피한다고 해결될 문제가 아니라는 생각이 들었어요. 어떤 선생님은 '머리 자르기 싫으면 S고를 떠나라'고 말하기도 했는데, '교칙을 바꿔야지, 내가 왜 떠나야 하나' 의문이 생겼죠."

한국의 고3 교실은 감옥이나 다름없습니다. 이 군도 고3이 되면서 공부에 집중할 생각이었습니다. 하지만 3학년 1학기가 되자 S고 선생님들은 "고3이 다른 곳에 정신을 팔아선 안 된다"며 두발 단속에 나섰고, 겨우내 길렀던 이 군의 머리카락은 또다시 잘려나 갔습니다. 왼쪽 구레나룻에서 뒤통수를 돌아 오른쪽 구레나룻까 지 반 바퀴를 돌아 나가는 반원이 생긴 것입니다. 이 군이 "더는 참을 수 없다"며 국가인권위에 진정서를 제출했습니다.

이 군의 진정이 접수되고 국가인권위의 조사가 시작되자, S고 에서는 적지 않은 변화가 생겼습니다. 교실에서 가위가 사라진 것 입니다. 대신 수차례 이발을 종용하고 경고 조치를 어길 경우 체 벌을 가하는 교사들이 나타났다고 합니다.

한편 이 군은 국가인권위에 진정서를 제출한 뒤 S고 홈페이지 에 익명으로 두발 단속의 부당성을 계속해서 제기했습니다. 그러 자 학교 측이 IP 추적에 나섰다는 소문이 들려왔고, 용의자로 이 군이 지목받기에 이르렀습니다. 이 군은 이때 담임선생에게 사실 대로 털어놓지 않은 것을 오랫동안 후회했다고 합니다. 이 군이 뒤늦게 실명을 밝히고 자신의 주장을 공개한 것도 솔직하게 책임 지는 모습을 보이기 위해서였습니다.

"1학년 때 어느 선생님이 그랬어요. S고에서 두발 자율화가 되 는 날은 S고가 문을 닫는 날이라고요. 여기까지 오면서 제가 여러 가지로 힘들었던 건 사실이지만, 제가 나섰기 때문에 S고가 조금 은 달라질 수 있었잖아요. 서태지도 그렇게 노래했어요. '스스로 변하지 않으면 아무것도 바꿀 수 없다'고."

2005년 6월 국가인권위는 이 군을 포함한 세 명의 학생이 진정

한 '두발 단속 인권 침해 사건'에 대한 검토를 마치고, 교육인적자원부 장관 및 각 시·도 교육감, 그리고 S고를 포함한 3개 학교장에게 "학생의 의사에 반한 강제 이발은 인권 침해이므로 재발방지를 위한 적극적 조치를 강구할 것" 등을 권고했습니다. 국가인권위 결정 이후 S고에서도 학생회가 학교 측에 새로운 두발 규정을 제시하는 등 조금씩 변화가 일어났습니다.

이 군은 오래전부터 서태지의 열성 팬입니다. 어린 시절의 기억을 되살려 뒤늦게 피아노 전공을 선택한 것도 음악에 대한 남다른 열정 때문입니다. 이 군은 "예술가에게 표현의 자유는 생명과도 같다"며, 슬그머니 두 장의 증명사진을 꺼내 보여주었습니다. 분명 똑같은 사람이지만 판이한 헤어스타일은 다른 사람으로 착각하게 만들었습니다. 하나는 일곱 번이나 잘려나간 스포츠형 머리이고, 다른 하나는 제법 성숙해 보이는 장발이었습니다. "머리카락을 길러야 분위기가 제대로 잡힌다"며 환하게 웃는 그의 얼굴에서 자신의 꿈을 키우고 지켜가는 순수한 청년의 의지가 여전히 살아있음을 느낄 수 있었습니다. 이 군은 2005년에 대학 입시를 치르고 현재 대학생으로 살아가고 있습니다. 물론 머리카락도 자유롭게 기르고 있습니다.

국·영·수 성적이 우리의 행복지수?

성적 우수반 제도 진정인 김영섭 교사

사춘기 시절에 어떤 교육을 받고 어떤 환경에서 크느냐에 따라 인권 문제를 바라보는 시각은 크게 달라질 수 있습니다. 그런데 우리나라 청소년들은 사춘기 시절을 마냥 편안하게 보낼 수 없는 처지입니다. 무엇보다 치열한 입시 경쟁이 주된 원인입니다. 과도한 학습 노동에 파묻혀 제대로 쉬지도 못하는 학생들에게 인권은 어쩌면 현실과 동떨어진 뜬구름 잡는 얘기인지도 모릅니다. 적지 않은 교사들이 인권보다 대학을 앞세우고, 학생들 또한 현재의 고통을 좋은 대학에 가기 위한 통과 의례로 여기곤 합니다.

2002년 국가인권위가 교육 당국에 학교에서의 모든 체벌을 중단할 것을 권고했을 때, 일부 언론엔 "사랑의 매를 빼앗지 마라"는 칼럼이 실렸습니다. 제자의 잘못을 바로잡기 위한 스승의 회초리를 인권의 관점에서 논하는 게 적절치 않다는 지적도 나왔습니다. 그러나 진정 사랑이 담긴 '매'라면 체벌이 아닌 설득과 타이름의 방식으로도 얼마든지 제자에게 전해질 수 있을 것입니다.

2005년엔 초등학생의 강제 일기 검사에 대해 인권위가 "사생활의 비밀을 침해할 우려가 있으니 중지하라"는 결정을 내렸습니다. 이번에도 교육계의 반발이 뒤따랐습니다. 일기 쓰기는 문장력 향상에 도움이 되는 만큼 적극 권장해야 한다는 의견도 제기됐습니다. 여기엔 초등학생들에게 무슨 사생활이 있냐는 어른 중심의 편견도 묻어 있었습니다. 그러나 사생활 보호와 나이는 무관할 뿐만 아니라, 타율적인 일기장 검사는 그 자체로 인권 침해 행위인 것입니다. 선생님에게 제출할 일기장과 자기 혼자 들여다보는 일기장을 따로 마련하는 학생들이 늘어가는 마당이라면, 이쯤에서 강제 검사 방식과 결별하고 학생들의 자율적 선택에 맡기는 게 현명할 듯합니다.

2007년 인권위는 각급 학교에서 관행적으로 유지해 오던 성적 우수자반 문제에 대해 평등권 침해라고 판단했습니다. 이 결정은 새 정부 출범 이후 교육계에 불어 닥친 '경쟁 지상주의'의 여파 속에서 나온 터라 더욱 파문이 컸습니다. 열심히 공부하려는 학생들에게 심화 학습의 길을 열어주는 건 학교가 당연히 해야 할 일이겠지만, 획일적인 상대 평가로 다수의 학생들에게 장시간 열패감을 안기는 방식은 바뀌어야 한다는 게 인권위 권고의 핵심이었습니다. 강원도에서 9년째 교사로 재직중인 김영섭 씨가 바로 이 사건을 인권위에 진정한 주인공입니다.

그는 강원도 지역의 10개 고등학교에서 운영되던 성적 우수자반의 문제점을 조목조목 지적했습니다. 학생들의 능력, 적성, 필요 등을 깡그리 무시하고 특정한 시점에서 국어, 영어, 수학 등 주요 과목의 시험 성적으로 우수반을 구성할 경우, 학교는 더 이상 교육의 전당으로 남을 수 없다는 게 그의 생각입니다.

김영섭 씨의 우려대로 성적 우수반 제도는 심각한 후유증을 남겼습니다. 학교 측은 우수반 학생들에게 별도의 특별 수업을 실시하고 교실 환경도 쾌적하게 바꾸었습니다. 일부 학교에서는 외국 유학의 특혜를 주거나 교사용 문제지를 제공하기도 했습니다. 그럼에도 성적 우수반에 들어간 학생들 중에는 혹시나 성적이 나빠져 일반 학급으로 떨어지지 않을까 스트레스를 받는 사례가 나타났습니다. 또한 우수반에 들지 못한 상당수 학생들은 좌절과 실망으로 고통을 겪고 있었습니다. 때 묻지 않은 열정으로 미래의 꿈을 키워야 할 청소년들이 국·영·수 점수 때문에 주눅 들고 자신의 삶에 대한 자신감을 잃어가는 모습이 괴로웠다고 김 씨는 고백합니다.

"민감한 학생들의 경우는 학교별로 차이가 나는 교복 모양만 봐도 마음의 상처를 입습니다. 교복 색깔이 곧 학생의 등급을 결정하는 거죠. 이것으로도 모자라 영어 수학 성적으로 학급을 나눠 열등감을 조성하는 행태는 사라져야 합니다. 학생들의 마음에 한 번 새겨진 상처는 어른이 돼도 좀처럼 치유되기 어렵습니다."

김 씨도 학교 현장에서 우수반의 병폐를 직접 경험한 일이 있습니다. 강원도 평창의 어느 중학교에 근무하던 시절 선택 과목에 따른 반 편성이 이루어졌는데, 우연히도 김 씨가 담임을 맡은 컴퓨터반 학생들의 성적이 가장 낮았다고 합니다. 문제는 컴퓨터반에서 상대적으로 성적이 좋았던 학생들도 시간이 갈수록 '컴퓨터반=열등반'이라는 낙인이 굳어지면서 공부에 대한 의욕을 잃어버렸다는 사실입니다. 단지 개인적 기호에 따른 선택이 이 정도의 부작용을 만들어내는 상황임을 감안할 때, 노골적으로 국·영·수 점수를 앞세울 경우 학생들의 자괴감과 상실감은 더욱 심해질 수밖에 없다는 게 김 씨의 의견입니다.

이쯤에서 그가 생각하는 해법이 궁금해졌습니다. 그렇다면 학생들의 수준을 전혀 고려하지 않고 반을 편성해야 하는 것일까요? 아닙니다. 그는 특정 과목 중심의 우열반이 아닌 개인의 특성에 따른 맞춤형 교육 프로그램을 대안으로 제시합니다. 성적만을 기준으로 내거는 것이 아니라 학생들의 개성을 존중하자는 주장입니다. 교사 한 사람이 수십 명을 담당해야 하는 현실에서 이것이 가능할까요? 그도 쉽지 않다는 점을 인정합니다. 하지만 학교가 시도조차 해보지 않고 가장 '간단한' 시험 점수로 반을 나누는 방식은 시정되어야 한다고 말합니다. 그가 꿈꾸는 모델은 북유럽의 학교들이 운영하는 개별화 학습과 협동 학습입니다. 학교와 교사는 학생 개인마다의 교육 프로그램을 관리하고, 학생들은 서로의 장점을 교환하며 함께 성장하는 것입니다. 앞서가는 학생은 자신의 경험을 나눠주고, 뒤처진 학생들은 동료의 도움을 즐겁게 받아들이는 교실, 이것이 바로 김영섭 씨가 만들고 싶은 공교육의 대안입니다.

그는 나아가 고교 평준화의 확대와 대학 평준화가 절실하다고 말합니다. 우리나라 교육 문제의 모든 모순은 꼭짓점에서 대학 입시와 만나기 때문에 대학 서열 폐지 없이는 교육 개혁이 불가능하다는 견해입니다.

최근 몇 년간 고교 평준화 제도는 교육계의 뜨거운 화두였습니다. 상당수 언론이 평준화야말로 나라를 망치는 제도라고 비판했고, 일부 대학에서는 입시 전형을 기형적으로 구성해 사실상 고교 등급제를 도입했습니다. 이러한 논쟁의 중심에는 은연중에 비평준화가 평준화보다 우월하다는 전제가 깔려 있습니다. 그러나 김 씨는 평준화 지역의 학업 성취도가 비평준화 지역보다 더 높다는 일부 교육학자의 연구 결과를 신뢰하고 있습니다. 그런 이유로 강원도 전체가 여전히 비평준화 지역으로 묶여 있는 상황을 안타깝게 생각합니다.

"강원도 전체에서 여론 조사를 해보면 60퍼센트 이상이 현행 비평준화 제도에 반대하는 것으로 나옵니다. 하지만 도에서는 3분의 2 이상이 찬성해야만 바꿀 수 있다는 겁니다. 현재의 정책은 당사자인 학생들의 의견은 묻지도 않고, 일부 상위권 고등학교 학부모들의 여론만 과도하게 반영한 결과입니다."

김 씨는 앞으로 학생들의 인권 상황이 더 악화될 것이라고 전망했습니다. 올해부터 진단 평가가 실시되면 각급 학교는 서열 경쟁에서 밀리지 않기 위해 학생들을 다그칠 것이고, 교사들도 학생들을 개별화해서 바라볼 여유를 빼앗긴 채 빠른 성과를 내기 위해 마구잡이로 밀어붙이기에 동참할 수밖에 없다는 것입니다.

실제로 교육 현장에서는 김 씨가 우려한 일들이 잇따라 벌어지고 있습니다. 0교시 부활, 야간 자율 학습 실시, 수준별 이동 수업, 학교별 평가 공개 등이 그러한 예입니다. 한 실태 조사에 따르면 우리나라 학생들의 26.5퍼센트가 오전 7시 이전에 등교하고, 54.5퍼센트는 밤 10시 이후 집에 들어간다고 합니다. 세계적으로 유례를 찾기 힘들 만큼 휴식권과 수면권이 위협받고 있는 이들에게 또다시 짐을 안기는 것이 바람직한 일일까요? 이쯤에서 한국 학생들이 과도한 학습 노동에 시달리고 있다는 국제 인권기구의 충고를 곰곰이 되새겨봐야 할 것입니다.

김 씨는 중학교 때부터 역사 교사를 꿈꿨고, 지금은 희망대로 역사를 가르치고 있습니다. 역사를 공부하면서 더 나은 세상을 만드는 게 곧 삶의 질을 높이는 것이라는 생각이 들었다고 합니다. "거창한 구호보다 현실의 문제점에 민감하게 대응할 필요가 있다"고 말하는 김 씨, 그래서 인권 문제는 그에게 생활이나 다름없습니다.

그는 얼마 전 강원도에서 발생한 교사의 학생 체벌 사건을 소개했습니다. 그가 충격을 받은 건 체벌 자체보다 체벌을 가한 교사가 학생에게 쏟아낸 발언이었다고 합니다. "내가 너를 때리는 건 죄가 아니다. 하지만 내가 너를 대학에 보내지 못하는 건 죄다." 인권보다 대학이 중요하다고 가르치는 현실에서 우리 교육계의 어두운 그림자가 엿보입니다. 이 사건을 계기로 김 씨도 자신의 과거 잘못을 크게 뉘우쳤다고 합니다. 체벌은 안 된다고 생각하면서도 매를 든 일이 있었기 때문입니다. "꽃으로도 때리지 마라"는 말처럼, 김 씨는 "학교 현장에서 학생 인권을 지켜주는 도우미로 살겠다"고 다짐합니다.

내 아들을 퇴학시킨다구요?

부당한 학교 징계 진정인 하남욱 씨

만일 조선 시대의 과학자 장영실이 오늘의 한국 사회에 태어났다면 어떻게 됐을까요? 공교육 추락과 사교육 열풍 속에서도 탐구 정신을 이어갈 수 있었을까요? 과외 열풍과 입시 지옥에도 불구하고 그의 탁월한 과학적 소질이 꽃을 피울 수 있었을까요? 튀는 학생을 규제하고 건전한 불만을 문제적 행동으로 간주하는 학교 안의 폐쇄성과 권위주의는 또 어떤 영향을 끼쳤을까요? 세종대왕이 그랬듯이 천우신조天佑神助로 어떤 교사가 장영실의 숨겨진 재능을 알아본다 한들 미래가 험난한 이공계 진학을 자신 있게 권했을까요? 우리 사회의 청소년들은 어떤 선생을 만나느냐에 따라 운명이 바뀔 수도 있는 기구한 삶을 살아가고 있습니다. 아무리 부인하더라도 그것은 엄연한 현실입니다.

하 군의 꿈은 요리사입니다. 그러나 한국의 인문계 고등학교 교실에서 그의 꿈을 키워주는 수업은 없습니다. 하 군이 차츰 학업에 흥미를 잃고 겉돌게 된 것은 어쩌면 당연한 결과일지도 모릅니다. 학교 가는 일이 즐겁지 않다보니 아침잠이 많아지고 몸도 아프기 시작했습니다. 하지만 고등학교라도 졸업하고 요리사의 길로 들어서고 싶은 마음에 '불량 학생'으로 고단한 나날을 보냈습니다. 때로 교칙을 어기며 머리를 기르는가 하면 지각도 잦았습니다. 그런 하 군에게 학교는 세 번의 징계 조치를 내리고 마침내 퇴학을 종용했습니다.

이상의 내용만 갖고 학교와 하 군 가운데 누가 옳고 그른가를 따지기는 어려울 듯합니다. 학교는 최소한의 규칙을 요하는 공공장소이긴 하지만, 획일적 기준으로 학생의 인권을 과도하게 침해하는 것 또한 심각한 문제이기 때문입니다. 여기서 중요한 건 하 군이 학교를 떠날 수밖에 없는 상황에 이르기까지 하 군의 보호자는 학교로부터 사태의 심각성에 대한 어떠한 내용도 전해 듣지 못했다는 점입니다. 교사는 보호자의 연락처를 몰랐고, 보호자는 아들에게서 아무런 문제점을 발견하지 못했다고 합니다. 믿기지 않는 얘기지만 제2의 하 군은 우리 주변에 참 많습니다.

하 군은 할머니와 함께 삽니다. 아버지 하남욱 씨는 하 군이 중학교에 다닐 때 이혼했고, 얼마 전부터는 따로 살고 있습니다. 하지만 하 군이 어릴 때부터 아버지를 잘 따랐기 때문에, 매일 아들과 전화 통화를 하고 일주일에 한 번은 꼭 집에 들렀습니다. 그래서 아들이 사춘기를 어떻게 겪고 있는지 비교적 소상하게 알았다고 합니다. 학교에서 무슨 일이 있었고, 어떤 친구들과 사귀고 있는지까지도 말입니다.

하 군이 J고등학교에 들어가면서 아버지는 아들의 일로 몇 차례 학교를 찾았습니다. 교칙에 어긋난 두발 상태와 지각이 원인이었습니다. 담임선생은 이따금씩 전화를 걸어 하 군의 학교 생활에 대해 자세히 알려주기도 했습니다. 하 군이 첫 징계를 받았을 때도 "특별한 문제가 없으니 걱정하지 않으셔도 됩니다"라며 아버지를 위로했다고 합니다. 여기까지는 대개의 사람들이 학창 시절에 접할 수 있는 풍경일 듯합니다.

그러던 하 군은 2학년이 되면서 부쩍 말수가 줄었습니다. 선생님께 심하게 야단을 맞아도 아버지에게 다 털어놓고 아버지와 함께 학교에 가던 아들이었는데, 언제부터인가 아버지의 일상적인 질문에 "괜찮아요. 아무 문제없어요"라고 말할 뿐 학교 얘기를 꺼내지 않았습니다. 아버지는 학교에서 전화가 한 통도 걸려오지 않아 별 걱정 없이 아들의 말을 그대로 믿었다고 합니다.

안타까운 일이지만 이 무렵 하 군은 세 번이나 징계를 받고 퇴학 위기에 몰려 있었습니다. 학교 측이 밝힌 징계 사유는 다양합니다. 1차 징계는 급식 시간에 새치기를 했음에도 이를 부인하고 반항했다는 것이고, 2차는 붙임머리 착용 등 교칙 위반, 3차는 2차 징계시 부과한 봉사 활동에 불응한 것이 화근이었습니다.

학교 측의 주장에 대해 하 군의 아버지는 "아들의 잘못을 인정하지만, 학교 측 자료엔 자세한 설명이 없다"며 이의를 제기합니다. 하 군 역시 학교 측 주장이 일방적이라고 느끼는 듯합니다. 그렇다면 왜 학교 측은 하 군의 징계 사실을 아버지에게 알리고 서둘러 대책을 마련하지 못한 것일까요? 이에 대해 학교 측은 "전화번호를 알 수 없었다"고 말했는데, 하 군의 아버지는 이것 또한 납득하기 어렵다고 말합니다. 수년째 지정된 장소에서 공무원으로 일하는 사람의 전화번호를 어떻게 모를 수 있냐는 얘기죠. 정확하게 말하자면 학교 측이 아무런 연락도 취하지 않은 건 아닙니다. 집으로 가정 통지문을 발송한 일이 있었고, 우연히 군복무중인 하 군의 형이 연락을 받고 학교를 방문한 일도 있었습니다. 이때 학교 측이 조금만 더 관심을 기울였으면 하 군의 아버지와 연락이 닿을 수도 있었겠지만, 아쉽게도 학교 측은 하 군의 예민한 속마음을 살피지 못하고 겉으로 드러난 교칙 위반에만 주목했습니다.

실례로 학교 측은 하 군에게 3차 징계를 내린 뒤 가정 통신문과 보호자 서약서를 발송했는데, 하 군은 집에 도착한 서류를 아버지에게 전달하지 않고 자신이 직접 서약서에 서명해 학교에 제출했다고 합니다. 또 한 번은 학교 생활지도교사가 직접 하 군의 집으로 전화를 건 일이 있었는데, 이 전화를 받은 사람은 하 군의 여자친구였습니다. 당시 생활지도교사는 하 군의 여자친구를 어머니로 알고 간단한 사항만 확인한 채 전화를 끊었다고 합니다. 만일 학교 측이 하 군의 집을 찾아가거나 부모 면담에 적극성을 보였다면 퇴학까지 가는 일은 벌어지지 않았을지도 모릅니다.

그러던 중, 학교 측은 학기 말인 11월 중순쯤 '우연히' 하 군 아버지의 전화번호를 발견하고 학생선도위원회 참석 통지서를 발송했습니다. 이번에도 사유는 상습적 지각과 복장 불량이었습니다. 집에 들렀다가 '우연히' 통지서를 본 아버지는 깜짝 놀라서 학교로 달려갔는데, 이것이 네 차례의 징계 과정을 통틀어 교사와 보호자의 첫 만남이었습니다.

하남욱 씨는 말합니다. "만일 세 번의 징계가 내려진 사실을 진작 알았더라면, 가만히 앉아서 퇴학을 기다리지는 않았을 겁니다." 아들이 지난 가을부터 감기 몸살을 심하게 앓는 바람에 자주 지각했을 것이라고만 생각했다는 게 아버지의 하소연입니다. 결국 '우연'과 '우연'이 만들어낸 교사와 보호자의 첫 대면은 사태를 원만하게 해결하지 못했고, 학교 측은 하 군의 퇴학을 결정해버렸습니다. 하 군이 뒤늦게 머리를 단정히 깎고 아침 일찍 등교하기로 마음을 먹었지만, 학교 측의 처분은 달라지지 않았습니다.

아들이 퇴학당했다는 얘기를 전해들은 아버지는 바로 다음날

학교를 방문해 선처를 호소했으나, 학교 측은 재심의 절차를 통해 다시 퇴학 처분을 확인했습니다. 이에 아버지는 학생부를 방문해 아들이 구체적으로 무슨 잘못을 저질렀는지 따졌는데, 학교 측이 공개하기를 꺼리다가 내놓은 자료는 여러 가지로 미흡했습니다. 자세한 징계 사유보다는 징계 절차에 관한 내용이 대부분이었던 것입니다.

퇴학당한 아이의 아버지 심정이 어땠을까요? 아버지는 백방으로 뛰면서 아들이 다시 학교에 다닐 수 있는 길을 찾았습니다. 이 과정에 교육청 관계자가 학교 측을 방문했는데, "방학 이전에 전학을 가면 퇴학을 면할 수 있다"는 일종의 중재안이 나왔다고 합니다. 아버지는 "굳이 전학을 보내겠다면 방학중에 갈 수도 있는데, 기말고사도 치르지 말고 떠나라는 얘기를 듣자니 가슴에 분노가 치밀었다"고 당시의 심정을 떠올렸습니다.

하남욱 씨는 아들과 같은 피해자가 더 이상 나오지 말아야 한다는 생각에 청와대, 교육인적자원부, 국민고충처리위원회, 서울시 교육청 홈페이지 등에 장문의 호소문을 올렸습니다. 하지만 아버지의 마음을 후련하게 해주는 답변은 어디에도 없었습니다. 아버지는 마지막으로 국가인권위에 도움을 청했습니다. 비록 아버지의 바람처럼 학교 측의 잘못을 모두 인정한 것은 아니지만, 국가인권위는 학생 징계 절차에 대한 문제점을 조목조목 지적했습니다. 즉 J고등학교 교장에게 적절한 징계 절차에 대한 교육을 실시할 것과 유사 사례의 재발 방지를 위한 조치를 권고한 것입니다.

고3을 앞두고 정든 친구들과 헤어져 다른 학교로 떠나야 하는 아들. 이대로 학교를 그만두면 평생 '퇴학생'의 꼬리표를 달고 다닐 아들. 그런 아들의 꿈을 꺾지 않기 위해 아버지가 찾아간 곳은 대안 학교였습니다. 그리고 놀랍게도 하 군과 아버지가 앓아온 속병은 대안 학교에서 말끔하게 치유됐습니다. 이젠 머리를 마음껏 기를 수 있고 아침에 늦게 등교해도 구박을 듣지 않습니다. 다만 "다른 친구들을 생각해서 조금 일찍 오렴"이라는 충고가 있을 뿐입니다.

"10분 공부하고 30분 놀아요"라며 밝게 웃는 하 군은 '불량 학생'이 아닌 그저 평범한 학생의 모습이었습니다. 하 군은 방학이 되면 요리 학원에 다닐 계획으로 잔뜩 부풀어 있었습니다. 10분이면 갈 수 있는 일반 학교를 놔두고 1시간 30분이나 걸리는 먼 대안 학교에 다니는 하 군. 아이러니하게도 그는 대다수 학생들이 두려워하는 고3이 되어서야 그동안 느껴보지 못한 삶의 행복을 발견했다고 말합니다.

생리통에 두 번 우는 여학생들

생리 결석 차별 진정인 박덕준 교사

임순례 감독의 〈우리 생애 최고의 순간〉이란 영화가 있습니다. 2004년 아테네 올림픽에 출전했던 한국 여자 핸드볼 대표팀의 활약을 그린 스포츠 영화입니다. 영화에서 대표팀은 남자 고교팀과의 평가전에서 완패했는데 그날 주공격수로 뛴 선수는 생리 때문에 제대로 뛰지 못했다고 눈물을 흘립니다. 올림픽 출전 엔트리에서 탈락될까 두려워 생리중인데도 코트에 나섰던 젊은 선수에게 산전수전 다 겪은 고참 선수가 한마디 뼈 있는 충고를 던집니다.

"너희들, 생리 주기 조절하려고 호르몬 주사 맞지 마라. 그러다 나처럼 된다."

그 고참 선수는 선수 생활을 계속하기 위해 약물로 생리를 조절하다가 끝내 불임이 됐던 것입니다.

여성들에게 생리는 매우 민감해서 환경이 조금만 변해도 심신에 이상 징후가 나타납니다. 그럼에도 많은 여성들이 생리에 대해 당당하게 말하기를 주저합니다. 어려서부터 자연스럽게 성교육을 받는 분위기가 형성되어 있지 않은데다, 생리를 이유로 휴식을 취하는 여성들을 삐딱하게 바라보는 시선도 부담으로 작용합니다.

몸이 아프면 학교나 직장에 나가지 못하는 게 당연합니다. 하지만 우리 사회는 신체에 무리가 따르더라도 개근하는 사람들을 높이 평가합니다. 일부 대학에서 생리공결제"가 도입된 것이 최근의 일이고, 직장 여성들의 휴식권 보장 수단이었던 생리 휴가는 무급으로 바뀌었습니다. 쉬어야 할 때 쉬지 못하는 몸에 탈이 나지 않을 리 없습니다. 생리통으로 고생하는 여성들이 늘어나고 있지만 생리 휴가를 쓰는 직장인들은 여전히 소수에 불과합니다. 그만큼 우리나라 여성들이 혹사당하고 있다는 반증이 아닐까 합니다.

세상만물이 변하듯이 사람의 생각이나 제도 역시 시간의 흐름에 따라 변하게 마련입니다. 그러나 사물의 변화 속도는 저마다의 특성에 따라 차이가 있습니다. 특정한 영역이 먼저 변화의 물꼬를 트는가 하면 또 다른 부문은 뒤늦게 새로운 패러다임에 적응하게

■ 생리통으로 수업을 빠졌을 때 출석으로 인정해 주는 제도.

됩니다. 일반적으로 조직의 성격이 특수한 곳일수록 바뀌는 속도가 늦는데, 아마도 한국 사회에서는 학교와 군대가 그런 범주에 속하지 않을까 싶습니다.

박덕준 씨는 학교 내의 금기를 인권의 관점에서 바라보고, 자신의 방식대로 매듭을 풀어낸 사람입니다. 박 씨가 주목한 것은 생리로 인한 여학생들의 고통이었습니다. 중학교 여교사의 눈으로 바라본 시선은 따뜻하면서도 예리했습니다. 그리고 그의 문제 제기는 세상을 바꾸는 중요한 계기가 되었습니다.

2004년 초의 일입니다. 경북 지역 전교조 교사들은 생리통 때문에 고생하는 학생들의 문제를 논의한 일이 있습니다. "어른들에게는 생리 휴가를 주면서 왜 학생들의 생리는 결석으로 처리해야 하는가?"라는 의문은 결국 전교조 여성위원회의 공식 안건으로 제기되기에 이르렀습니다.

곧이어 전교조는 전국의 초·중·고등학교 여학생 1,265명을 상대로 '생리와 학교생활'에 대한 설문 조사를 벌였는데, 그 결과는 어른들의 무심함을 새삼 깨닫게 해줍니다. 여성이 학교에 다니기 시작한 지가 벌써 1세기 전의 일임에도 이제껏 생리를 '여성이면 누구나 거쳐야 하는 과정'으로만 여겨왔던 게 우리의 현실입니다. 어른들이 생리를 '아이들만의 고통'으로 떠넘겨 놓은 사이, 생리를 경험한 여학생들의 49.1퍼센트가 "진통제를 복용한 적이 있다"고 답변했습니다. 그뿐만이 아니었습니다. 고등학생의 경우

"생리를 전후해서 복통(70.2퍼센트), 요통(68.2퍼센트), 두통(19.2퍼센트), 구토(3.1퍼센트), 어지럼증(19.9퍼센트), 생리혈과다(34.4퍼센트) 등을 겪었다"고 말했습니다.

전교조는 이 같은 조사 결과를 토대로 교육인적자원부에 "생리로 인한 결석을 공결로 인정하고, 각 학교의 보건실에 충분한 휴식 시설을 갖추라"고 요구했습니다. 하지만 교육인적자원부는 "생리통은 의학계에서 질병으로 분류하고 있고, 생리 결석을 공결로 처리할 경우 다른 질병으로 인한 결석과 형평에 맞지 않으며, 학생들이 악용할 소지가 있다"는 이유를 들어 전교조의 요구를 사실상 거부했습니다.

그러자 전교조는 '생리'를 주제로 한 특별 수업을 기획했는데, 박 씨는 당시 자신이 몸담고 있던 충남 천안의 남녀공학 중학교에 이를 적극 추진했습니다. 사춘기 남녀 청소년들을 한데 앉혀 놓고 여성의 생리에 관한 얘기를 풀어간다는 게 결코 쉬운 일은 아니었을 텐데, 박 씨는 남녀가 모두 생리 문제에 공감할 수 있는 특별한 자리를 만들었습니다. 성공적인 수업의 비결은 역시 철저한 사전 준비였습니다. 부끄러워 고개를 숙이는 남학생들과 '선생님이 왜 남자들 있는 데서 저런 말을 할까?' 하며 불만 섞인 눈길을 던지는 여학생들 앞에서, 박 씨는 생리에 대한 궁금증과 오해를 차근차근 설명하며 첫 생리에 얽힌 여학생들의 경험담을 자연스럽게 이끌어냈습니다. 이 과정에서 첫 생리를 축하하기 위해 케이크

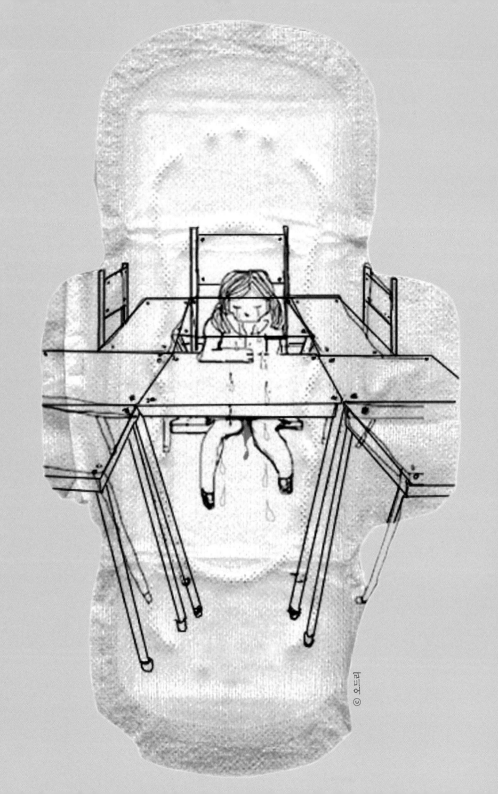

에 촛불을 켜고 가족과 축하 파티를 열었다는 어느 여학생의 에피소드는 잔잔한 감동을 불러일으켰습니다.

박 씨의 진지하면서도 재미있는 수업을 통해 생리에 대한 학생들의 생각은 몰라보게 달라졌습니다. 생리를 '병'으로만 알았던 학생이 "이제 더는 수치스럽지 않다"며 자신감을 갖는가 하면, "몰래 숨기고 지냈다"던 학생은 "엄마에게 말씀드리고 좋은 생리대를 사달라고 하겠다"고 말하기도 했답니다.

"체육 시간에 뜀틀을 하는데 선생님께 얘기를 못하는 아이들, 정신이 몽롱해서 곧 쓰러질 것 같은 상황에서 '꾀병' 소리 듣기 싫어 양호실에도 못 가는 아이들, 결석하면 성적에 문제가 생길까 싶어 참고 버티다가 탈이 난 아이들…… 내가 그동안 교사로서 무슨 일을 했던가, 수없이 되돌아보고 반성한 계기가 됐습니다."

이 무렵 모 방송사에서 학생들의 생리 문제를 다룬 프로그램을 제작하면서 박 씨가 실시한 수업 내용에 관심을 보였는데, 언론 노출에 대한 학교 측의 부정적 의견 때문에 인터뷰가 무산된 일이 있었습니다. 이때 박 씨는 생리 결석 문제를 학교 차원에서 해결할 수 없음을 실감하고, 국가인권위에 피해자이자 자신의 제자인 101명의 이름으로 진정을 접수했습니다.

2006년 1월 국가인권위는 학생들의 생리 결석을 '병결' 등으로 처리하는 관행과 시험을 치르지 못할 경우 이전 성적의 80퍼센트만 인정하는 제도 등을 보완하라고 교육인적자원부 장관에게 권고했습니다. 국가 기관이 생리 결석을 여성의 건강권 및 모성 보호 측면에서 배려해야 한다는 견해를 최초로 밝힌 것입니다. 그러자 교육인적자원부는 곧바로 "생리 결석의 경우 학교장의 확인을 거쳐 출석으로 인정할 수 있다"는 입장을 내놓았습니다. 물론 시·도별로 세부 방침에서 다소의 차이가 나타났지만, 생리 결석이 무조건 결석으로 처리되던 관행은 일단 사라지게 된 것입니다.

"굳게 닫혔던 빗장이 하나 풀린 셈입니다. 앞으로 여학생들이 생리 결석으로 인해 시험에서 불이익을 받을 수 있는 부분을 점검하고 개선해야 합니다. 가장 중요한 건 역시 선생님들과 학생들의 의식입니다. '생리 결석을 악용할 수 있다'는 염려에 앞서 먼저 배려하는 자세가 필요하고, '결석 때문에 수업 분위기 깨진다'고 말하기 이전에 '학교에 제대로 된 쉼터가 있는지'부터 되돌아봐야 합니다."

박 씨는 전교조 여성위원장으로 일한 적도 있습니다. 대학 시절, 데모 한 번 안 했던 그가 마흔이 넘어 열심히 뛰는 데는 나름의 사연이 있습니다. 1980년대 후반 전교조 참여 교사들이 대규모 해직을 당할 때 그는 갓 부임한 교사였습니다. 존경받는 교사가 바른 목소리를 내다가 교단을 떠나가는 안타까운 상황을 지켜보며 그는 어떤 교사가 될 것인가를 고민하지 않을 수 없었다고 합니다. 어쩌다 보니 결혼 생각도 잊었다는 박덕준 씨는 어쩔 수 없이 현장을 지키는 일꾼으로 살아갈 듯합니다.

학교에 다녀야만 청소년인가요?

비학생 청소년 차별 진정한 박호언 군

고등학교 때의 일입니다. 학생증이 있으면 버스 요금을 50퍼센트 할인받을 수 있었는데, 학생 티켓을 구입할 때마다 검표원이 항상 학생증과 얼굴을 대조하곤 했습니다. 한번은 학생이 아닌 청소년, 즉 비학생과 함께 표를 끊으려 했는데 검표원이 끝까지 할인해 줄 수 없다고 고집하는 바람에 어른 요금을 낸 기억이 납니다. 생활보호대상자로 고등학교 입학을 포기한 그 친구는 대중교통이나 공공시설을 이용할 때마다 그런 실랑이를 벌어야 했습니다. 어린 가슴에 상처가 얼마나 컸던지 나중엔 그냥 어른 요금을 내는 것으로 아픈 속을 달랬다고 합니다.

청소년기본법상 청소년은 9세부터 24세까지이지만, 일반적으로는 민법상 미성년자에 해당하는 만 19세 미만을 청소년으로 구분합니다. 만 7세쯤 초등학교에 입학한다는 전제에서 군복무 기간을 포함하면 대략 대학교 1학년 정도를 상한선으로 잡을 수 있을 듯합니다. 그래서 많은 사람들은 청소년을 학생과 동일시하는 경향이 있습니다. 하지만 통계 자료를 보면 청소년과 학생이 반드시 일치하지 않음을 알 수 있습니다. 국가인권위의 2003년 조사 결과에 따르면 전체 청소년 중 정규 학교에 다니지 않는 학생이 300만 명 정도 되는 것으로 나타났습니다. 이 가운데 9~18세가 50만여 명, 19~24세가 250만 명 정도 됩니다. 비학생 청소년 중 일부 재수생이나 정규 학교를 떠난 청소년을 제외하면 대부분 가정환경 때문에 진학을 포기하고 산업 현장 등에서 일하는 경우로 볼 수 있습니다. 다시 말해서 상당수 비학생 청소년들은 사회·경제적으로 취약한 계층에 속해 있는 셈입니다.

사정이 이런데도 우리 사회에서는 오랫동안 비학생을 학생과 구분해 차별하는 관행이 있었습니다. 청소년 개인이 처한 환경을 고려하지 않은 채 학생증을 요구하거나, 학생증이 없는 학생을 삐딱하게 대하는 태도가 그것입니다. 냉정하게 보자면 정규 학교 교육보다 인성 교육과 수월성 차원에서 훨씬 우수한 대안 학교들이 생겼음에도 비학생에 대한 사회적 편견은 여전히 해소되지 않고 있습니다. 이유를 불문하고 청소년기는 학교에서 보내야 한다는 고

학생증

성명 윤 호 ㅎ

소속

학반

정 관념이 비학생 청소년들에게 깊은 상처를 안겨주는 것입니다.

2003년 5월 28일 오후 대전광역시청. 국가인권위는 그곳에서 지역 순회 인권 상담 및 홍보 활동을 펼치고 있었습니다. 부산, 광주, 전주 등을 돌며 한 달 가까이 진행되던 행사가 거의 끝나가던 무렵, 한 학생이 다가와 "국가인권위는 차별 문제도 다루죠?"라고 물었습니다. 첫눈에 예사롭지 않은 느낌이 들어 조사관과의 상담을 주선하자, 학생은 가슴에 묻어두었던 친구들의 사연을 줄줄이 풀어놓았습니다. 학교에 다니지 않는다는 이유로 차별받고 있는 비학생 청소년들의 문제였습니다.

자신의 문제도 아닌 사안으로 국가인권위 임시인권상담센터를 찾아온 주인공은 당시 대전 모 고등학교에 재학중이던 박호언 군입니다. 박 군은 전국적으로 수많은 청소년들이 학교에 다니지 않는다는 이유로 각종 할인 혜택에서 차별받고 있으니, 정부가 청소년증을 발급해서 비학생도 동등한 대우를 받을 수 있도록 조처해야 한다고 주장했습니다.

"타인을 배려하고 타인의 처지를 이해함으로써, 인간에 대한 외경심을 높이는 감성."

국가인권위 김창국 초대위원장은 우리 사회 구성원들에게 절대적으로 필요한 '인권 감수성'을 이렇게 정의한 바 있습니다. 사실 말이 쉽지, 일상생활에서 그런 태도를 일관되게 유지하기란 여간 어려운 일이 아닙니다. 바로 그런 이유로 '청소년' 하면 당연히

'학생'을 떠올렸던 필자로서는 한 고등학생의 '인권 감수성'에 뭉클한 감동을 느꼈습니다.

박 군의 진정이 접수된 직후 국가인권위는 관계 기관의 할인 혜택 관련 내용을 조사했고, 이 과정에서 학생에게는 10~50퍼센트의 할인 혜택을 주면서도 비학생 청소년에게는 할인 혜택을 제공하지 않는 관행을 확인했습니다. 이에 따라 국가인권위는 2003년 9월 박 군의 진정 내용에 대해 평등권을 침해하는 차별 행위임을 인정하고, 비학생 청소년에게도 할인 제도를 적용할 수 있도록 청소년 관련 법령 및 제도 개선을 문화관광부 장관에게 권고했습니다. 한편 국가인권위가 모든 조사를 마치고 권고 결정을 내리기 직전, 서울시와 대전시는 비학생 청소년들에게도 청소년증을 발급하겠다는 의견을 밝혔습니다. 또한 국가인권위의 권고 결정 이후에는 문화관광부 산하 각종 문화 시설까지도 비학생을 포함한 모든 청소년에 대한 할인 제도를 실시하기에 이르렀습니다.

하지만 정부가 비학생 청소년의 차별을 해소하기 위해 적극적으로 도입한 청소년증의 활용도는 그다지 높지 않은 듯합니다. 실제 청소년들이 청소년증을 이용하지 않거나 일부 학생들이 오토바이 면허 취득을 위한 증명 서류로 오용하는 사례가 늘었다는 보고까지 나오고 있습니다. 청소년들이 청소년증 발급 자체를 꺼리는 현상은 결국 우리 사회가 비학생 청소년과 학생을 집요하게 구분하고 있다는 반증일 듯합니다. 비학생 청소년들은 단지 문화 공연이나 스포츠 관람 요금을 할인받기 위해 청소년증을 구걸하는 것이 아니라, 우리 사회가 학생이든 비학생이든 동등하게 대우해 줄 것을 요구하고 있는 것입니다.

'비학생 청소년 할인 혜택 차별' 진정 이후에도 박 군은 자신이 평소 생각해 왔던 또 다른 사안들을 국가인권위에 진정했습니다. 비록 그가 제출한 17건의 진정 내용이 국가인권위원회법상 조사 대상에 해당되지 않은 경우가 대부분이었지만, 박 군의 눈에 비친 우리 사회의 모습은 한 번쯤 주목해 볼 만한 것이었습니다. 이 중에는 자신이 학교생활에서 직접 체험한 일도 있었으나, 상당수는 다른 사람들의 문제였습니다. 많은 사람들이 무심코 지나칠 수 있는 사안에 대해 박 군은 세심한 관심을 기울이며 다양한 방법을 통해 해결하려고 시도했던 것입니다.

박 군의 어머니에 따르면 박 군의 이러한 태도는 천성적이었다고 합니다. 유치원에 다닐 때부터 텔레비전 뉴스를 보면서 사회 문제에 남다른 관심을 보였던 박 군은 중학교 시절 학교 폭력 문제를 모 기관에 전자 민원으로 접수시켜 파장을 일으키기도 했습니다. 인터넷 공간에서 '두발 자율화 서명 운동'과 '18세 선거권 낮추기 운동'에 참여한 것도 그의 남다른 이력입니다.

박 군의 부모님은 이런 아들에 대해 걱정이 많았다고 합니다. 하지만 박 군의 길을 막지는 않았습니다. 2003년 12월, 학교를 그만두겠다고 했을 때도 그랬습니다. 처음엔 학교에서 좋은 친구들을 많이 사귀기를 바라는 마음에 자퇴를 말렸지만, 결국 "학교에 다니는 것이 시간 낭비"라는 아들의 생각을 존중했습니다. 학생에서 비학생이 된 박 군은 고등학교 검정고시를 치른 뒤 대학수학능력시험에 응시했습니다.

문득 말도 많고 탈도 많았던 휴대 전화 커닝 사태에 대한 그의 생각이 궁금해서 넌지시 질문을 던졌습니다. 우문에 현답이 돌아왔습니다. "수단을 가리지 않고 좋은 대학에 가겠다는 학생들의 태도도 잘못됐지만, 좋은 대학에 들어가기만 하면 모든 문제가 풀리는 듯한 우리 사회의 풍토와 구조가 훨씬 심각한 문제라고 생각합니다."

박 군은 대학에서 사회 경험을 많이 쌓고 다양한 사람들과 자주 토론하고 싶다고 합니다. 박 군이 청소년들의 세계적 네트워크를 지향하는 인터넷 사이트를 개설한 것도 그런 맥락입니다.

"사회학을 전공하면서 우리 사회의 인권 문제를 두루 탐색하고 싶어요. 기회가 되면 프랑스에 가서 갈등과 분쟁에 대해서도 공부할 생각이고요. 우리나라가 좀더 발전하기 위해서는 프랑스 사회의 장점을 배울 필요가 있다고 봅니다."

어린 나이에도 다양한 사회 문제에 대해 거침없이 말하는 박 군의 모습은 매우 인상적이었습니다. 인터뷰를 마친 그는 진정한 행복은 더불어 사는 삶이라며, 자신은 앞으로도 국가인권위가 관심을 가져야 할 문제들을 계속해서 진정할 생각이라고 말했습니다.

존중하며 함께 살아요

재미있는 수업으로 인권 가르치는 이기규 교사

"초등학생들은 생활 속에서 문제를 제기하면 이해가 빨라요. 초콜릿과 다이아몬드가 어떻게 생산되어 우리에게 오는지 설명해 주면 금세 눈빛이 달라져요. 가끔씩 대통령이나 구청장에게 편지 쓰는 수업도 하는데 해당 기관에서 '참고하겠다'는 회신이 오면 아이들이 아주 뿌듯해합니다. 뭔가 해냈다는 자신감, 어려워도 해보면 바뀔 수 있다는 희망, 뭐 그런 거겠죠."

이기규 씨는 항상 새로운 수업을 연구합니다. 사회 교과서에 정치 분야가 나오면 교실 내에서 아이들이 직접 '작은 정치'에 참여하는 프로그램을 구상합니다. 이렇게 해서 6학년 7반 국회의원과 법률안이 탄생했습니다. 아이들의 눈높이로 만든 '법률안'에는 인권의 향기가 가득합니다.

□ 공부 시간에는 휴대 전화, 장난감 및 게임 도구, MP3, 만화책 및 기타 수업과 관계없는 책의 사용, 음식물 섭취 등을 금한다. 이는 공부 시간에 다른 사람의 공부를 방해할 수 있고, 자신의 공부를 방해할 수 있기 때문이다.(제4조 제2항)
□ 자리 배치는 기본적으로 남녀 짝으로 하되 남녀 중 한 성이 많은 쪽은 같은 성끼리 앉는 경우도 허용한다.(제6조 제1항)
□ 숙제는 하루에 1개 이상 내지 않는다.(제7조 제1항)
□ 청소 시간에 도망가거나 나태하게 할 경우, 다음 3일을 청소한다.(제8조 제3항)

6학년 7반의 법률안은 학생들의 토론과 투표로 만들어졌고, 거주지별로 선출한 '지역구 국회의원'이 개정권을 갖고 있습니다. '법률'에 따라 학생들은 누구나 동등한 자격으로 학급 운영에 참가하며 교사는 학생들의 의견을 최대한 존중합니다. '공교육 위기론'이 전국을 휩쓸고 있는 시대에 '교실의 민주주의'를 몸소 실천하고 있는 사람이 있으니, 그가 바로 이기규 씨입니다.

화창한 금요일 오후. 서울 대림동에 위치한 대동초등학교 6학년 7반 교실에서 봄 햇살보다도 더 포근한 목소리가 흘러나옵니다.

이 씨는 재량 학습 시간"을 빌려 '인권과 차별'이라는 다소 무거운 주제를 꺼냈습니다. 아이들이 어려워하지 않을까 걱정했는데 뜻밖에도 선생님과 친구처럼 어울리며 흥미로운 토론을 벌입니다. 아이들은 이미 장애인의 반대말이 '비장애인'임을 이해하고 있었고, '한센인'""들이 어떻게 살아왔는지도 배운 모양입니다.

이 씨는 아이들이 실생활에서 겪은 차별을 드러내기 위해 모든 아이들에게 쪽지를 돌렸습니다. 아이들은 각자 차별이라고 생각하는 내용을 적은 뒤 칠판 앞으로 나가 마련된 큰 종이에 붙였습니다. 아이들의 눈에 비친 차별의 단상은 신선했고, 또한 웃음이 날 만큼 천진했습니다.

"함께 용돈을 받았는데 동생보다 먼저 썼다고 야단맞았어요."

"오빠 옷을 물려받는 게 싫어요."

"숙제가 힘들어요."

"공부 잘하는 사람만 예뻐해요."

"왕따시키지 말자."

이 씨는 아이들이 쓴 내용을 하나씩 살펴가며 아이들에게 차별 여부를 되묻는 반어법으로 차이와 차별의 의미를 설명했습니다. 선생님이 얘기 한 토막을 끝내면 아이들은 손을 들고 저마다 의견을 밝힙니다. "어른들만 신용카드를 쓰는 건 차별"이라는 주장이 나오자, 여러 아이들이 한 목소리로 "그건 차별이 아니에요. 아이들은 신용카드가 필요 없어요"라고 반박하는 식입니다.

아이들의 얘기를 듣고 난 이 씨는 다시금 아이들과 함께 학급 규칙을 만듭니다. 이렇게 해서 "왕따시키지 말자"라는 새로운 규칙이 생겼습니다. 한 학생이 "우리 반에는 왕따가 없는데요?"라고 질문하자, 이 씨는 "앞으로 생길 수도 있으니까 사이좋게 지내자는 의미예요"라고 규칙 제정의 취지를 설명합니다. 대부분의 학교에서 따분해지기 쉬운 오후 수업. 그러나 6학년 7반 학생들은 수업 종료를 알리는 벨이 울릴 때까지 초롱초롱한 눈빛으로 선생님을 바라보고 있었습니다.

이기규 씨는 "존중하며 함께 살자"는 생각을 아이들에게 심어주기 위해 인권 수업을 시작했다고 합니다. 교과 과목에 얽매이지 않고 때로는 국어 시간에, 때로는 사회 시간에 자연스럽게 아이들의 가슴으로 다가가는 것입니다.

"아이들 스스로 인권 문제를 판단하기는 어려워요. 그래서 아이들의 일상적인 불만을 인권 문제로 연결시켜 생각하게 만들려고 노력합니다. '왜 학생들은 중앙 교단으로 못 걸어가지?' '왜 교실 창문을 한쪽으로만 열어야 하지?' 한번은 '학교 주변에 중국 동포가 많아서 동네가 지저분하다'는 소문이 돌았어요. 그래서 아이들과 중국 동포들에 대한 얘기를 하게 됐는데 자연스럽게 오해

■ 정규 교과 수업에 얽매이지 않고 학교나 교사, 학부모가 자체적으로 운영하는 창의적 학습 프로그램.
■ ■ 한센병 환자. 한센병은 노르웨이의 의사 한센이 나균을 처음 발견한 데서 붙인 이름. 과거 우리나라에서는 나병, 문둥병 등으로 불리기도 했다.

가 풀리더라고요."

돌이켜보면 그의 범상치 않은 면모는 일찍부터 싹을 보였습니다. 대학 시절 남편이 양심수라는 이유로 교직에 임용되지 못한 한 선배의 사건을 계기로, 학교 내 인권 모임을 만들고 인권 영화제를 개최했다고 합니다. 졸업하기 전부터 인권 교육 교사 모임에 참여한 이 씨는 교사가 된 뒤 인권 교육 교재를 펴내고 교실에서 인권을 체험할 수 있는 다양한 프로그램을 시도했습니다. 아이들이 괴롭힘을 당했을 때 싫다는 신호를 보내면, 피해를 준 친구가 사과하는 'Stop제'가 대표적인 사례입니다. 2005년 국가인권위의 통합 교육 교사 연수 프로그램에 실무 기획자로 참여한 것을 계기로 인권교육전문위원에 위촉된 이 씨는 현재 이주 노동자 인권 교육 프로그램에 관한 교재를 준비중입니다.

이 씨의 인권 수업이 늘 순탄했던 것만은 아닙니다. 처음에는 인권 교육 연구를 위해 국가인권위로 출장 가는 것도 눈치가 보였다고 고백합니다. 젊은 교사의 '색다른' 인권 수업에 일부 선배 교사들은 "아이들이 선생님의 애기에 반대하면 어쩌냐?"며 불안해하기도 했답니다. 그때마다 이 씨는 "솔직하게 다가서고 재미있게 풀어내면 아이들이 좋아할 것"이라며 설득했다고 합니다.

2005년 봄 국가인권위가 "강제적인 일기장 검사는 인권 침해"라는 권고안을 발표했을 때, 교사들 사이에서는 논쟁이 있었다고 합니다. 이때 이 씨의 해법은 "아이들에게 물어보자"였다고 합니다. 신문에 교육인적자원부와 학부모의 얘기는 넘치는데, 정작 당사자인 아이들의 얘기가 등장하지 않은 점에 이의를 제기한 것입니다. 이렇게 해서 자유롭게 일기를 쓰는 것은 권장하되, 강제적인 일기 검사는 하지 않기로 결정했습니다. 이 씨는 이 일을 계기로 아이들의 생각을 더욱 존중하게 되었다고 합니다.

"교사들도 학교라는 공간의 인권 문제에 끊임없이 문제를 제기해야 한다고 생각해요. 교사 자신이 인권적으로 행동하지 않으면서 학생들에게 인권을 말한다는 건 모순일 수밖에 없습니다."

날이 갈수록 과열되고 있는 사교육 시장에 대한 이 씨의 생각이 궁금했습니다. 예상대로 단호했습니다. 사교육 열풍과 선행 학습 과잉이 오히려 아이들의 창의성과 자율성을 떨어뜨리고 있다는 진단입니다. 자유롭게 쓸 수 있는 답안에도 아이들은 "어느 것이 정답인가요?"라고 묻고, 시험을 치르지 않으면 공부를 안 한 것으로 이해한다는 것입니다. 그런 이유로 초등학생을 상대로 하는 학원의 논술 교육을 '몹쓸 짓'으로 여깁니다.

시종일관 학생들에게 존댓말을 쓰는 교사와 선생님을 친구처럼 여기며 부담 없이 대하는 학생들. 그렇게 자라난 아이들은 뭐가 달라도 달랐습니다. 필자는 사전에 전체 학생의 동의를 구하고 나서야 교실에 들어설 수 있었고, 노출을 꺼린 일부 학생은 사진 촬영을 시작하자 정중히 양해를 구한 뒤 자리를 옮겼습니다.

하교를 서두르는 아이들 너머로 교실 앞에 써 붙인 문구가 보였습니다. "존중하며 함께 살아요." 급훈이냐고 물었더니, 그냥 아이들에게 해주고 싶은 말이라고 합니다. 이기규 씨는 아이들이 실컷 놀면서 더불어 살아가는 방법을 가르치고 있었습니다.

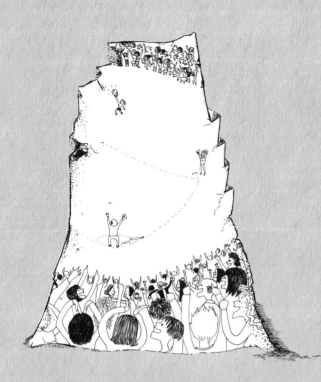

짬뽕

YMCA야구단엔 차별이 없었다

성 차 별 에 서 의   인 권 찾 기

성차별 우유 CF 개선 진정인 봉현숙 씨

2002년 대통령 선거 때, 모 방송사의 개표 방송 광고가 성차별 논란에 휘말렸습니다. 국민적 관심이 집중되는 대통령 선거 개표 방송은 거의 모든 방송사가 사운을 걸고 시청률 경쟁을 벌이기 때문에, 시청자의 눈길을 사로잡기 위한 광고 전쟁 또한 어느 때보다 치열할 수밖에 없습니다.

이때 모 방송사는 일반적으로 정치적 이슈에 여성보다는 남성이 더 관심을 쏟는다는 생각에서 '부부의 마음'이라는 콘셉트를 내세웠습니다. 밤늦은 시간까지 텔레비전 개표 방송에서 눈을 떼지 못하는 남편에게 아내가 차를 갖다주면서 "여보, 안 자요?"라고 물으면, 남편이 흐뭇한 표정으로 "당신 마음, 새 대통령도 알까요?"라며 혼잣말을 하는 것이 광고의 내용이었습니다.

얼핏 보면 수많은 가정에서 흔히 볼 수 있는 장면일 수 있으나, 전국적 네트워크를 가진 방송사가 내보낸 광고였다는 점에서 그 의미는 다르다고 할 수 있을 것입니다. 조금 더 자세히 살펴보자면 이 광고가 남편에 대한 아내의 종속성, 그리고 남성과 여성의 역할에 대한 편견을 심어주고 있다는 비판도 가능할 것입니다. 왜 남편은 방 안에 가만히 앉아서 텔레비전을 시청하고, 아내가 차를 끓여서 가져다주느냐는 지적은 당시에도 모 방송사 사이트에 심심치 않게 올라왔다고 합니다.

이 밖에도 양성 평등의 관점에서 광고를 보면 수많은 문제점을 발견할 수 있습니다. 여성 모델의 경우 가정을 배경으로 한 성적 매력이 강조된다면, 남성 모델은 주로 일터나 휴양지를 배경으로 등장합니다. 이 광고는 은연중에 여성은 '가정', 남성은 '외부 활동'이라는 인식을 심어주는 셈이죠. 텔레비전 뉴스를 보더라도 남성 앵커와 여성 앵커가 전하는 내용에서 차이가 나는 경우가 많습니다. 남성이 주로 메인 앵커로 등장해 중요한 소식을 전한다면, 여성 앵커는 이른바 '연성 뉴스'를 담당할 때가 많습니다. 이러다 보니 어쩌다 여성이 메인 앵커로 발탁되기라도 하면 '큰 사건'인 것처럼 보도되곤 합니다.

여성과 남성의 차이를 드러내는 것 자체가 문제라고 할 수는 없을 것입니다. 하지만 차이를 보여주는 과정에 여성을 부수적인 존재로 규정하거나 여성의 역할을 의도적으로 축소한다면 사정은 달라질 듯합니다. 하물며 그것이 공공의 영역이라면 더욱 신중하게 접근해야 할 것입니다.

여러분은 광고를 보면서 불쾌하다고 생각한 적은 없습니까? 혹은 광고 속에 비친 세상이 현실의 모습과 달라 쓴웃음을 지은 적은 없습니까? 인권의 눈으로 광고를 들여다보면 우리가 사는 세상이 얼마나 배려가 부족한지 실감할 수 있습니다.

봉현숙 씨는 아주 오랫동안 일상 속의 성차별 문제에 적극적으로 대응하기보다는 적당히 순응하며 살아왔습니다. 집에서는 오빠의 밥상을 대신 차렸고, "여자가 왜 일찍 집에 들어가지 않느냐? 그러니까 치한을 만나는 것 아니냐?"고 다그치는 남학생들과 의식적으로 부딪치지 않았으며, 치마가 너무 짧다고 이맛살을 찌푸리는 어른들 앞에서도 무관심과 침묵으로 일관했습니다.

2004년 3월 초, 그는 아주 우연한 계기로 성차별 문제를 다시금 생각하게 되었습니다. 농림부와 농협, 한국마사회 등이 만든 우유 광고 카피가 그 원인이었습니다. 지하철 4호선의 한 객차에 여섯 개나 부착된 광고는 "하얀 우유의 힘, 남자는 강하고 건강하게, 여자는 날씬하고 매력적이게"라는 문구와 함께, 날씬한 여성과 근육질의 남성이 배경을 이루고 있었습니다. 이보다 더 심한 광고를 수없이 보고서도 그냥 무시하거나 웃어넘기던 봉 씨가 문제의 우유 광고 앞에서 모욕감을 느낀 이유는, 이 광고가 다름 아닌 공공 기관의 홍보물이기 때문이었습니다.

'여성의 상품화를 앞장서서 막아야 할 사람들이 성차별을 조장하다니……'

봉 씨는 이 광고가 여성은 물론 남성의 인권까지 침해하는 나쁜 광고라는 생각이 들었다고 합니다. 남성은 강하고 여성은 예뻐야 한다는 고정 관념을 노골적으로 드러낼 뿐만 아니라 일방적인 기준을 무차별로 유포하여 여기에 부합하지 않는 사람들에게 열패감과 스트레스를 안겨준다는 것입니다. 여성의 미모와 남성의 힘으로 성 역할을 구분하고 이것을 암묵적으로 강요하는 사회, 바로 그것이 봉 씨가 이 광고를 보고 느낀 한국 사회의 단면이었습니다.

봉 씨는 곧바로 지인들과 의논했습니다. 반응은 엇갈렸습니다. 어쩔 수 없지 않느냐는 사람들이 있는가 하면, 항의해서 바로잡아야 한다는 의견도 나왔습니다. 봉 씨는 그들 모두가 이 광고에 대해 "불쾌하다"고 느끼고 있다는 점을 중요하게 보았습니다. 문제는 있지만 아무도 나서서 고치려 하지 않는 상황, 우리 사회의 많은 영역에서 벌어지고 있는 풍경일 것입니다. 하지만 봉 씨는 이 문제를 그냥 넘어가지 않았습니다. 침묵은 또 다른 잘못을 부를 수밖에 없다는 생각 때문이었습니다. 평상시 다소 보수적인 태도를 보이던 봉 씨의 어머니마저 "그래, 그건 부당하다. 네 말이 맞다"며 딸의 편을 들어주었습니다.

"나만의 편협한 사고가 아니라 이 광고를 대하는 모든 사람에게 해당되는 문제라고 생각했어요. 우리 주변엔 광고 속의 여성처럼 예쁘지 않은 사람, 또 광고에 나온 남성처럼 근육이 발달하지 않은 사람들이 훨씬 많잖아요. 왜 특정한 신체 유형이 아니라는 이유로 그 사람들에게 스트레스를 주고 좌절감을 안겨야 합니까? 우리가 이런 문제에 입을 다물고 있는 사이 성차별은 당연한 현상처럼 인식되고, 그것은 사회적 차별로 굳어질 수밖에 없잖아요. 그래서 직접 시정해야겠다는 생각이 들었어요. 주변 사람들이 모두 침묵한다고 해서 나까지 침묵하는 건 다수에 대한 암묵적 동조일 수밖에 없잖아요. 그렇다면 좀 번거롭더라도 내가 나서야 한다, 뭐 그런 생각으로 국가인권위를 찾아갔어요."

봉 씨가 진정을 접수한 지 2개월 후, 국가인권위가 관련 내용을 조사하는 도중 문제의 광고 카피가 바뀌었습니다. "우유는 힘! 마시자. 114가지 각종 영양소의 완전식품 하얀 우유, 우유 한 잔으로 온 가족이 건강하게." 봉 씨는 뒤늦게 광고 카피가 바뀐 사실을 알고 깜짝 놀랐다고 합니다. 국가 기관의 생각은 좀처럼 변하지 않을 것이고, 변하더라도 오랜 시간이 걸릴 것이라는 고정 관념이 있었던 탓입니다.

"저의 좌우명이 '내가 변하지 않으면 세상도 변하지 않는다'예요. 사람들은 부당한 일을 당했을 때 분노할 줄만 알지, 직접 해결하려고 하지 않는 경향이 있잖아요. 인권위에 진정해도 소용없을 거라던 친구들이 '고맙다. 큰일 했다'고 말하는 것을 보고 많은 걸 느꼈어요. 우리가 일상의 차별 문제에 대해 좀더 진지하게 고민하고 적극적으로 대응한다면, 세상은 엄청나게 변할 수 있겠구나, 하는……"

봉 씨는 1980년생으로 2000년에 법학도가 된 밀레니엄 학번입니다. 그는 아무런 고민 없이 법대에 입학한 것을 인생 최대의 실수(?)로 여기며 살아왔지만, 교실이 아닌 현장에서 법의 중요성을 실감했다고 합니다. 봉 씨가 교실 밖에서 체험한 이야기는 한국 사회 인권의 현실을 보여주고 있는 듯합니다.

2002년 한반도 전역이 월드컵 열풍에 휩싸였을 때의 일입니다. 봉 씨는 서울 광화문에서 열린 장애인 이동권 보장 시위에 참여했다가 경찰에 연행되었습니다. 그는 이날 영장도 없이 가방을 수색당했고, 경찰서에서 조사 내용과 무관하게 아버지의 직업과 집의 평수에 대한 질문까지 받았습니다. 유치장에 입감되면서는 자살을 예방해야 한다는 이유로 브래지어를 벗어야 했습니다. 또한 유치장 내부의 화장실이 외부에 노출된 구조여서 경찰관이 밖에서 화장실에 드나드는 사람들을 지켜보고 용변 보는 소리까지 들을 수 있었습니다. 봉 씨는 이날 얼마나 화가 났던지 30여 시간 동안이나 용변을 참았다고 합니다. 그 나름의 처절한 시위였던 셈이죠.

2003년 초, 봉 씨의 삶은 전환점을 맞게 됩니다. 봉 씨가 휴학을 하고 대학 졸업 이후의 삶을 고민할 때 이라크전쟁이 터지고 한국 정부가 파병을 결정했습니다. 그는 전쟁만큼은 막아야 한다는 생각으로 날마다 국회 앞에서 농성을 벌이던 사람들을 찾아갔습니다. 봉 씨는 그 자리에서 시위하는 사람들을 짐짝처럼 다루는 경찰 앞에서 좌절했고, 앞으로 누구의 편에서 생각하고 살아가야 할 것인가를 결정했다고 합니다.

봉 씨는 대학 신입생 시절부터 장애인 단체 회원으로 활동했고, 동성애자 단체에도 관심을 가질 만큼 사회 소수자의 삶에 대한 관심이 깊었습니다. 하지만 그의 마음 한구석에는 대학을 졸업한 뒤 중산층으로 편안하게 살아가고 싶은 꿈이 자라고 있었다고 합니다. 그런데 어느 순간 그 마음을 지웠습니다. 그가 구상하는 인생의 목표는 사회의 약자들이 아름답게 꾸며가는 공동체 사회입니다. 그는 대학을 졸업한 뒤 사람과 세상에 대해 공부하면서 자신의 꿈을 이루는 데 있어 작은 디딤돌이 되고자 노력해 왔습니다. 거동이 불편한 장애인들의 벗으로 살면서 작지만 소중한 힘을 보태고 있는 것도 그런 이유입니다.

"제가 이 정도로 생각하게 된 것은 전적으로 이 세상 사람들 덕분입니다. 세상이 내게 가르쳐준 만큼 나도 세상을 위해 일하고 싶습니다."

서울YMCA 성차별 진정인 김성희 씨

"남녀평등 시대를 넘어 여성 우위 시대가 열렸다." 최근 우리 사회 일부에서 나오는 얘기입니다. 물론 출처는 남성, 그 중에서도 여성의 활발한 사회 진출을 경계하거나 마땅치 않게 여기는 남성이 대부분일 듯합니다.

과연 그럴까요? 일단 언론에 보도되는 데이터는 여성의 사회적 비중이 커지고 있음을 간접적으로 보여줍니다.(2013년 기준 사법시험 합격자 40.2퍼센트, 행정고시 46퍼센트, 외교관 후보 2차 65퍼센트, 서울 지역 초등 교원 86퍼센트, 중등 교원 83퍼센트) 주요 정당들이 여성들을 비례 대표에 적극 추천한 결과 국회와 지방 의회에서도 여성의 활동이 두드러지고 있습니다.

하지만 사회 전체로 보면 아직까지 양성 평등의 토대가 마련됐다고 보기는 어려울 듯합니다. 통계청 2014년 발표 자료에 따르면 여성 비정규직 근로자는 317만 1천 명으로, 1년 전보다 17만 9천 명이 증가했습니다. 남녀 임금 격차를 살펴보면 남성 정규직 노동자가 100원을 벌 때 여성 비정규직 노동자는 48.46원을 법니다. 결국 상당수 여성은 사회적으로 차별받는 집단에 속해 있다고 볼 수 있습니다. 중상류층 여성의 경우에도 유리벽 현상*과 유리천장 현상**으로 인해 적지 않은 제약을 받고 있는 게 사실입니다. 유엔개발계획UNDP이 발표한 〈2013 인간개발보고서〉에 따르면 우리나라는 여성 권한 척도***에서 17위로 2007년 64위에 비해 크게 상승한 것으로 나타났습니다. 그러나 여성 국회의원 비율은 여전히 15퍼센트 수준(세계 91위)으로 평균에 미치지 못합니다.

객관적 수치 못지않게 중요한 것이 여성에 대한 사회적 편견이 아닐까 합니다. 아직도 우리 사회에는 여성에 대해 금기를 강요하거나 선택의 기회조차 주지 않는 일이 종종 있습니다. 때로 이런 현상은 국제적 흐름과 동떨어져 망신을 당하기도 했습니다. 서울 YMCA에서 지난 수년간 벌어졌던 성차별 논란이 그런 경우가 아닐까 합니다.

■ 여성의 사회적 이동을 제약하는 '보이지 않는 벽'을 말한다.
■■ 여성의 신분 상승이나 승진 등을 가로막는 사회적 한계를 말한다.
■■■ 유엔개발계획에서 국가별로 여성의 정치·경제 활동과 정책 과정의 참여도를 측정하여 고위직에서의 남녀평등 정도를 평가한 것. GEM(Gender Empowerment Measure).

2005년 3월 2일, 호주제 폐지를 뼈대로 하는 민법개정안이 국회에서 통과됐습니다. 가부장제의 근간을 이루던 호주제가 사라지는 순간, 이 땅의 여성들은 환호성을 지르며 양성 평등 시대의 개막을 자축했습니다. 그러나 그날로부터 불과 나흘 전, 한국 시민운동의 선구자라 할 수 있는 서울YMCA는 여성의 총회 참정권 허용을 표결에 붙였고, 압도적인 차이(찬성 210, 반대 409, 무효 10)로 부결되었습니다. 여성 단체의 오랜 요구와 국가인권위의 권고에도 불구하고 서울YMCA는 남성들만의 잔치를 고집했습니다.

서울YMCA는 1903년 창립된 유서 깊은 단체입니다. 설립 당시에도 그랬고, 110여 년이 지난 지금까지도 여성은 서울YMCA를 움직이는 중요한 동력입니다. 회비를 내는 회원의 약 60퍼센트, 자원 활동가의 약 90퍼센트가 여성이라는 점이 이를 잘 보여줍니다. 하지만 여성들은 지금껏 단 한 번도 서울YMCA 총회에서 의결권을 행사하지 못했습니다. 서울YMCA 측이 헌장의 총회 구성 조항을 매우 '독특한' 시각으로 해석해 왔기 때문입니다. 서울YMCA 헌장에 명시돼 있는 총회 참가 자격은 "만 20세 이상의 기독교회 정회원 입교인이고, 2년 이상 계속 회원인 사람으로 본회 활동에 참여한 사람"입니다. 문구로 보면 여성이 포함되지 못할 이유가 없습니다. 그러나 서울YMCA 측은 "110여 년 이어온 조직의 정체성을 하루아침에 바꿀 수는 없다"고 반박합니다. 즉 서울YMCA(Young Men's Christian Association)에서 'Men'은 사람이

세상을 향해, 어퍼컷!

아닌 남성만을 의미한다는 얘기입니다.

　그러나 서울YMCA의 주장은 여러 면으로 모순이 있습니다. 우선 서울YMCA는 여성 회원이 폭발적으로 늘어나던 1967년, 헌장의 총회 구성 자격을 '남성'에서 '사람'으로 고친 바 있습니다. 이는 서울YMCA 측이 여성의 사회적 진출에 따른 시대적 요구를 반영하는 한편 늘어나는 여성 회원을 적절하게 고려하기 위한 조치였습니다. 그때 이미 이사회와 총회 의결을 거쳐 헌장이 개정되었지만, 아직까지 여성에게는 총회 구성 자격이 주어지지 않고 있는 것입니다. 다음으로 한국YMCA전국연맹의 60여 개의 지회 중 유일하게 서울YMCA만이 여성의 참정권을 인정하지 않고 있다는 사실입니다. 일부 지역에서는 여성이 이사 및 이사장까지 맡고 있음에도, 서울YMCA는 여성에게 문호를 열지 않고 있습니다. "서울에서는 남성만이 권리를 갖는다"는 해괴한(?) 해석이 아니고서는 이 같은 궤변을 설명할 길이 없습니다.

　YMCA의 국제적 기준도 서울YMCA의 고집스러운 외길과는 한참 다릅니다. 세계YMCA 강령인 '도전 21'(1998년 제14차 세계YMCA대회에서 채택) 제2항에 따르면 "모든 사람들, 특별히 청년과 여성이 더 큰 책임을 맡고 모든 영역에서 지도력을 발휘할 수 있도록 이들의 역량을 키우고 형평성 있는 사회를 위해 일한다"라고 나와 있습니다. 서울YMCA의 '아주 특별한' 관습이 국내외에서 보편성과 명분을 얻지 못하고 있음을 쉽게 확인할 수 있는 대목이 아닐까 합니다.

25년 동안 서울YMCA에서 활동해 온 김성희(서울YMCA 성차별 철폐연대회의 공동위원장) 씨는 수년째 헌법과 서울YMCA헌장에 보장된 기본권 쟁취를 위한 싸움을 벌이고 있습니다. 암울하던 군사정권 시절, 김 씨는 서울YMCA 대학기독청년회에 가입해 기독교 학생 운동에 뛰어들었습니다. 그 시절 서울YMCA는 기독교인의 청년 정신으로 마음가짐을 곧추세우게 하는 교회였고, 양심 있는 청년이 어떻게 살아갈 것인가를 일러주는 학교였다고 김 씨는 회고합니다.

김 씨가 정신적 고향이나 다름없는 서울YMCA에 다시 관심을 갖기 시작한 것은 2002년 가을입니다. 서울YMCA가 이사장의 비리 문제로 총체적 난국에 빠져들자 뜻있는 회원들이 '서울YMCA 개혁과 재건을 위한 회원비상회의'를 결성했는데, 바로 여기에서 여성특별위원회를 신설하고 서울YMCA의 성차별 문제를 본격적으로 거론하기 시작했습니다.

"저도 믿기지 않는 일이지만, 우리 모두 그때까지 총회의 여성 참정권은 당연히 있는 것으로 알았고, 다만 관심이 없어 참석하지 못할 뿐이라고 생각했어요. 헌장에 총회 구성 자격이 '사람'으로 명시되어 있는데도 배제한다는 건 결국 여성은 사람이 아니라는 얘기가 되잖아요. 처음부터 그런 황당한 내용을 알았다면 탈퇴하거나 일찌감치 활동을 그만두었을 거예요."

김 씨의 싸움은 처음부터 난관에 부딪혔습니다. 시민 단체와 다른 지역 YMCA의 비판에도 서울YMCA는 꿈쩍도 안 했습니다. 오히려 서울YMCA 이사회는 2003년 11월 공식 기구인 여성특별위원회를 일방적으로 해체해 버렸습니다. 또한 국가인권위가 2004년 5월 서울YMCA 이사장에게 여성 회원의 총회 의결권을 허용하라고 권고하고, 한국YMCA전국대회 참가자와 전국연맹이사회가 잇따라 권고문을 발표했음에도, 서울YMCA는 2005년 2월 또다시 남성만의 총회를 강행했습니다. 설상가상으로 2007년 서울YMCA가 여성 대의원 12퍼센트를 포함시키는 안을 부결시키자, 전국YMCA는 마침내 서울YMCA를 연맹에서 제명했습니다.

김 씨는 서울YMCA처럼 종교인들의 영향력이 큰 단체에 대한 사회적 감시가 필요하다고 말합니다. 그가 종교법인법 제정 운동에 적극 나서고 있는 것도 이 때문입니다. 김 씨는 지금의 서울YMCA는 기독교 시민 운동체로서 이념과 정체성의 위기에 빠졌다고 진단합니다. 그는 서울YMCA가 2005년 총회에서 '인권'과 '환경'을 새로운 사업으로 설정하고도 아무런 노력을 기울이지 않은 것을 강하게 비판합니다.

"밖에서는 인권을 말하면서 내부적으로는 여성 회원을 차별하는 이중성에 분노를 느끼지 않을 수 없습니다. 서울YMCA의 가증스런 여성 차별은 조만간 구시대의 유물이 될 것입니다."

2002년 가을에 개봉한 영화 〈YMCA 야구단〉. 이 영화에 나오는 신여성 민정림(김혜수 분)과 일본 유학생 오대현(김주혁 분)은 나라 잃은 조선 백성의 울분을 달래주는 든든한 친구였습니다. 영화에서 서울YMCA의 초창기 멤버로 보이는 그들 사이엔 어떤 차별도 없었습니다. 당당한 인격체로서 서로 힘을 보태는 동지요 연인이었습니다. 서울YMCA가 하루빨리 여성에 대한 그릇된 편견을 벗어던지고 한때 한국을 대표하던 양심 세력의 명예를 회복했으면 합니다. 이 땅의 여성들은 분명 서울YMCA의 명예로운 회원이 될 자격을 갖추고 있습니다.

한국 항공사들은 어린 여자만 좋아해

항공사 여승무원 시험 응시 차별 진정인 이지윤·박민경 씨

항공기 여승무원의 가장 중요한 조건은 무엇일까요? 놀랍게도 나이랍니다. 적어도 얼마 전까지는 공식적으로 그랬습니다. 비록 나이 문제를 국가인권위로 들고 온 뜻있는 이들의 당찬 문제 제기로 공식적인 제한 규정은 사라졌지만, 아직도 젊지 않으면 승무원이 되기 어렵습니다. 눈에 보이지 않는 비공식적 차별이 사라지지 않고 있기 때문입니다.

우리나라 항공기 승무원의 나이가 두드러지게 적다는 건 널리 알려진 사실입니다. 젊은 여성 선호 현상은 비단 항공사에만 국한된 문제가 아닙니다. 백화점과 식당, 놀이 공원, 그 밖의 대중 매체에서도 연령 편중 현상은 심각합니다. 1990년대까지만 해도 여성의 키와 몸무게까지 제한한 구인 광고가 버젓이 등장했고, 면접 시 용모와 신체 조건을 따지는 사회 풍토는 여전히 논란이 되고 있습니다. 실례로 비서직의 경우 이런 현상은 관행처럼 굳어져 있는 게 사실입니다. 여기서 한 가지 짚고 넘어갈 문제가 있습니다. 위에서 소개한 항공사 여승무원의 경우, 단순히 나이 차별만이 아니라 성차별과 용모 차별 등이 복합적으로 관련되어 있다는 점입니다.

이지윤(가명) 씨와 박민경(가명) 씨는 남다른 공통점이 있습니다. 두 사람 모두 20대 후반의 미혼 여성으로 항공사 승무원의 꿈을 키우고 있습니다. 하지만 25세가 넘었다는 이유로 면접시험 기회조차 얻지 못한 그들은 2005년 8월 다른 두 명의 동료와 함께 국가인권위에 진정을 냈습니다. 항공사가 여승무원을 모집하면서 일률적으로 나이를 제한한 것은 차별이라는 것이 이들의 주장이었습니다.

국가인권위가 2006년 9월 이 사건에 대해 '고용에 있어서 연령 차별'이라는 결정을 내리면서, 이들은 꺼져가는 불씨를 되살리기 시작했습니다. 그리고 2007년 초 대한항공과 아시아나항공이 국가인권위 권고를 수용해 나이 제한을 폐지하자 이 씨와 박 씨는 시험에 붙기라도 한 것처럼 밤잠을 설치고 눈물을 흘렸다고 합니다. 항공사 승무원 제복을 바라보는 것만으로도 행복하다는 그들. 합격할 때까지 계속 지원하고, 합격한 뒤 당당하게 '애사심'을 밝히겠다는 것이 이들의 야무진 각오입니다.

2006년까지 우리나라 항공사 여승무원 시험 응시 연령은 23~25세로 상한 기준이 명시되어 있었습니다. 대한항공의 경우 2·3학년제 대학 졸업자는 만 23세, 4년제 대학 졸업자는 만 25세 까지만 지원이 가능했습니다. 또한 아시아나항공은 국내선의 경우 2·3년제 이상 대학 졸업자 중 만 24세, 국제선의 경우는 4년 제 대학 졸업자 중 만 24세로 지원 자격이 제한되어 있었습니다.

이런 규정이 만들어진 배경에 대한 항공사의 공식적인 답변은 고개를 갸웃거리게 만듭니다. "여승무원의 직업 선호도가 높아 과 다 지원에 따른 채용 일정 및 인력 수급 계획의 차질을 방지하고, 기내 안정을 위해 엄격하고 원활한 지휘 체계를 확립하며, 승무원 의 근속 연수가 짧아 고령자 입사 시 인력 운영의 효율성이 떨어 진다." 어느 문구도 나이로 지원 자격을 제한한 이유를 속 시원하 게 설명하지 못합니다. 항공사의 인사 관리 고충을 십분 이해하더 라도 왜 25세가 상한선인가에 대한 의문이 풀리지 않습니다.

외국의 사례를 보더라도 한국 항공사의 연령 상한은 지나칠 만 큼 낮습니다. 유럽의 에어프랑스와 네덜란드항공인 KLM은 아예 나이 제한이 없으며, 미국의 아메리칸에어라인도 만 19세 이상이 면 누구나 지원할 수 있습니다. 아시아권에서도 상당수 항공사가 나이 제한을 두지 않거나 한국 항공사보다는 상한선이 높습니다.

청년 실업이 심각한 사회 문제로 대두된 요즘, 25세 이전에 취업하기란 말 그대로 하늘의 별 따기입니다. 항공사 여승무원을 준비하는 대졸자의 경우, 개인 사정에 따라 재수 또는 휴학을 하거나 어학연수라도 다녀오면 시험 자격조차 얻지 못하는 신세가 되고 맙니다. 이 씨와 박 씨도 바로 그런 경우입니다. 능력 있는 승무원이 되기 위해 남들보다 오랫동안 공을 들였더니 나이 한 살 더 먹었다고 퇴짜를 맞은 격입니다. 이런 까닭에 한국 항공사에 합격하지 못한 취업 준비생 중에는 나이와 무관하게 지원이 가능한 외국 항공사로 발길을 돌리는 경우도 적지 않다고 합니다.

항공사 매뉴얼에 나와 있는 여승무원의 업무는 크게 고객 접대 업무와 안전 업무로 나뉩니다. 좀더 구체적으로 살펴보면 비상시 탈출 안내, 승객 건강, 안전 보호, 기내식·음료 서비스 제공, 외국 승객과의 의사소통 등입니다. 이상의 어느 항목에서도 25세 이하가 적격이라는 타당성을 찾기 힘듭니다. 마찬가지로 26세가 넘으면 이러한 업무를 수행하는 데 상대적으로 어려움이 따른다는 근거 또한 없습니다. 비록 정답이 나와 있더라도 한 번쯤 진지하게 따져볼 일입니다. 바다 위를 날고 있는 비행기가 기류 이상으로 흔들리고 있는 상황에서 승무원의 가장 중요한 자질은 젊음일까요? 아니면 경륜일까요? 또한 갑작스런 복통을 호소하는 외국인을 상대할 때 제일 절실한 것은 외형적 매력일까요? 아니면 능숙한 외국어 솜씨일까요?

늦게나마 국내 항공사들이 나이 제한 규정을 폐지한 것은 환영

할 만한 일입니다. 하지만 항공사가 형식적으로 지원 자격의 문턱을 없앴다고 해서 문제가 해결된 건 아닙니다. 나이 제한 없이 치러진 2007년 채용 시험에서도 여승무원 합격자는 23~25세에 집중되는 경향을 보였습니다. 물론 26세 이상 지원자 수가 많지 않았던 측면도 있지만, 젊은 여성에 대한 선호 현상은 여전한 셈입니다.

이 씨는 항공사 여승무원 시험에서 떨어진 이후 모 기업 비서실에서, 박 씨는 외국계 기업에서 일하고 있습니다. 두 사람 모두 항공사 취업에 보탬이 될 만한 직장에서 경력을 쌓는 중입니다. 이미 25세를 넘긴 탓에 여승무원이 될 가능성은 갈수록 낮아지고 있지만, 늘 항공사 채용 일정에 촉각을 곤두세우며 살아갑니다. 국가인권위 권고가 전격적으로 수용된 것처럼, '나이 든 이색 합격자' 대열에 자신이 포함될 수도 있다는 기대를 저버리지 않고 있는 것입니다. 그러나 국내 항공사가 나이 제한 대신 이번엔 응시 횟수 제한을 검토하고 있기에, 그들이 실제 시험을 치를 수 있는 기회는 몇 번 남지 않은 것 같습니다. 꿈을 접을 수도 있었던 사람들에게 한 가닥 희망을 안겨준 그들에게도 행운이 따랐으면 하는 바람입니다.

국가인권위 설립 후 2014년 2월까지 접수된 나이 차별 사건은 총 1,214건입니다. 우리 사회가 나이 차별에 대한 민감성이 상대적으로 높지 않은 점을 감안하면 적지 않은 수입니다. 국가인권위와 관련 부처의 노력으로 2008년 연령차별금지법이 제정됨에 따라 나이를 이유로 한 불합리한 차별 관행은 점차 구시대의 유물로 사라질 듯합니다.

나이 차별 진정 사건의 경우 국가인권위 권고는 대부분 수용돼 우리 사회의 차별 관행 개선에 크게 기여한 것으로 평가되고 있습니다. 권고가 수용된 사례로는 대학 등 교육 기관 채용시 응시 연령 제한, 연수나 해외 파견시 나이 제한, 나이로 인한 승진상의 불이익, 나이를 기준으로 한 퇴직 강요, 불합리한 정년, 나이에 의한 월드컵 등반 경기 대회 출전 자격 제한, 감리사 사업 수행 능력 평가 기준시 나이를 감점 요소로 삼는 행위, 대학 입학시 동점자 처리 기준에서 연소자 우대 관행, 대학교 항공운항학과 신입생 모집시 나이 제한 등을 들 수 있습니다.

모든 조건이 동일할 때 나이를 이유로 불이익을 주는 것은 합리적인 기준이 아닙니다. 나이를 앞세워 권위를 지키려던 시대가 막을 내렸듯이 나이를 배제의 기준으로 삼는 관행도 사라져야 합니다. 많든 적든 나이는 능력을 판별하는 잣대가 될 수 없기 때문입니다. 노인과 청소년이 나란히 경쟁하면서 서로의 경험과 패기를 배우는 사회야말로 진정한 의미의 열린 세상이 아닐까 합니다.

아기의 울음이 사라진 세상

출산 휴가에 따른 부당 추가 수련 진정인 유민희 씨

출산 파업. 최근 들어 우리 사회를 급속히 감염시키고 있는 신드롬입니다. 말 그대로 이 땅의 여성들이 출산을 거부하고 있다는 얘기입니다. 불과 한 세대 전 '베이비붐'이 있었고, 10년 전만 해도 "둘도 많다"며 인구 억제를 외치던 나라에서 이게 무슨 변고일까요? 경제협력개발기구OECD 국가 중 아이들 수가 가장 빠르게 줄고 있으며, "950년 뒤인 서기 2954년이면 사람이 한 명도 남지 않는다"는 인구학회의 통계까지 등장하는 곳이 바로 한국입니다.

이 땅의 여성들은 왜 파업의 깃발을 높이 치켜들었을까요? 어떤 이들은 가족 계획 사업의 실패를 들고, 또 다른 이들은 여성의 사회 진출을 따라잡지 못하는 빈약한 복지 제도를 비판합니다. 하지만 가장 중요한 것은 한국 노동자들의 열악한 현실일 듯합니다. 세계 최고 수준의 연평균 근로 시간▪과 감당할 수 없는 사교육비 폭등은 구조적으로 저출산을 강요하고 있습니다. 오죽하면 "자녀의 수는 곧 부의 척도"라는 우스갯소리까지 등장했을까요.

한국 노동자의 반을 차지하는 여성들에게 출산은 경제적인 부담과 함께 사회 진출을 가로막는 걸림돌이 되기도 합니다. 출산을 전후해 여성 스스로 삶의 진로를 바꾸기도 하지만, 출산 자체가 여성의 사회적 선택을 가로막는 경우가 훨씬 많기 때문입니다. 겉으로는 저출산을 심각하게 바라보면서도 속으로는 저출산을 더욱 심화시키는 사회, 그것이 부인하기 힘든 한국 사회의 두 얼굴입니다.

여성으로서 뒤늦게 의학도의 길에 들어선 유민희(가명) 씨의 사례는 이 같은 모순을 절절하게 보여줍니다. 임상병리학을 공부하던 유 씨가 진로를 바꿔 의과대학 6년 과정을 마치고 A병원에서 인턴 생활을 시작한 것은 2004년 3월입니다. 당시 유 씨는 출산을 1개월여 앞둔 만삭의 몸이었지만, 동료들과 똑같이 병원에서 숙식을 해결하며 과가 바뀔 때마다 며칠씩 당직을 섰습니다. 시간이 갈수록 숨이 차오르고 몸도 무거워졌지만 그는 강행군을 멈추지 않았습니다. 자신이 쉬면 다른 동료가 고스란히 일을 떠맡는

▪ 2012년 기준 2,092시간, OECD 평균은 1,705시간.

상황에서 일찌감치 출산 휴가를 떠나기가 미안했기 때문입니다.

이 대목에서 한 가지 궁금한 점이 생깁니다. 출산을 목전에 둔 것이 혹시라도 인턴을 지원하는 과정에서는 문제가 되지 않았을까 하는 점입니다. 유 씨에 따르면 눈에 띌 만큼 배가 부르지 않은 탓에 그냥 넘어간 것 같다고 합니다.

유 씨는 일을 시작할 때만 해도 "인턴 수련자가 출산 휴가 3개월을 사용할 경우 6개월을 추가로 근무해야 한다"는 규정을 몰랐다고 합니다. 유 씨는 뒤늦게 그런 규정이 있다는 사실을 안 뒤에도 추가 수련을 감수할 생각이었다고 합니다. 동료들이 일하는 동안 휴가를 떠나는 게 미안했기 때문입니다. 또한 유 씨는 출산 휴가 중 "휴가를 반납하고 인턴으로 복귀하겠다"는 말까지 했습니다. 하지만 병원 측은 "출산 휴가 규정을 어길 경우 병원장이 처벌받을 수 있다"며 그 의견을 받아들이지 않았습니다.

동료와 병원을 위해 최선을 다해보려 했던 유 씨. 그러나 그가 수개월 뒤 전해들은 얘기는 여러 가지를 생각하게 만듭니다. 유 씨가 출산 휴가를 최대한 늦춰가며 일을 마무리하고 있던 그 무렵, 병원에서는 "임신했으면 인턴을 시작하지 말지"라는 비난이 떠돌고 있었던 것입니다. 대체 인력도 없이 동료의 공백을 고스란히 떠맡아야 하는 현실을 감안하더라도, 출산 휴가까지 중단하려 했던 사람에 대한 평가치고는 야박한 노릇이 아닐 수 없습니다. 유 씨는 오랫동안 그 얘기가 상처로 남았지만 "입장 바꿔 생각하면 나도 그렇게 불평했을 것"이라며 마음을 달랬다고 합니다.

유 씨가 '출산 휴가 3개월 사용시 추가 수련 6개월 필수' 규정에 대해 진지하게 고민하기 시작한 것은 업무에 복귀하고도 수개월이 지난 뒤였습니다. 동료들이 레지던트를 준비하는 모습을 보면서 출산 휴가보다 수련 기간이 두 배나 긴 것이 부당하다고 생각한 것입니다. 이때부터 유 씨는 청와대 신문고, 보건복지부, 병원협회, 의사협회, 여의사협회, 여성부, 방송사 등에 자신의 처지를 문의하며 수없이 핑퐁 게임을 치렀습니다. 그러나 대다수 관계자는 소관 업무가 아니라며 발을 빼거나 근거 규정이 없어서 도와줄 수 없다는 말만 되풀이했습니다.

관계 기관의 답변은 보건복지부가 정한 '전문의의 수련 및 자격 인정 등에 관한 규정'에서 조금도 벗어나지 않았습니다. "인턴의 수련 기간은 1년이며, 각 병원은 이에 따라 수련프로그램을 1년 주기로 실시한다"는 게 이 규정의 핵심입니다. 여기서 6개월 학기로 운영되는 교육 단계를 일관성 있게 유지하기 위해 인턴 수련자는 추가 수련 6개월을 이수해야 한다는 지극히 행정 편의주의적인 결론이 나오는 것입니다. 이런 논리대로라면 관계 기관과 병원이 만든 규정에 노동자는 무조건 꿰어 맞추고 살아야 한다는 얘기가 됩니다. 출산 휴가로 인한 공백 기간 3개월을 보충해야 한다는 의견을 감안하더라도 추가 수련 기간은 3개월에 그쳐야 함에도, 학사 운영 등의 편의를 위해 6개월의 추가 수련 과정을 운영하는 것은 도무지 설득력이 없습니다. 게다가 관계 기관은 유 씨에게 추가 수련을 연장하면서 어떠한 교육적 성과가 예상되는지에 대한 분명한 답변을 제시하지 못했습니다.

입씨름에 지친 유 씨는 "국가인권위가 도와줄지도 모르겠다"는 어느 선배의 말을 듣고 2005년 1월 진정을 접수했습니다. 그런데 또 하나의 복병을 만났습니다. 바로 병원의 어느 여의사가 "지금 무슨 짓을 하는 거냐? 레지던트를 하고 싶거든 일을 크게 만들지 말고 수련을 감수하라"며 경고 메시지를 보낸 것입니다. 같은 여자에게서 그런 얘기를 듣자 유 씨는 더욱 오기가 발동했고, "잘못된 규정은 반드시 고쳐놓겠다"며 의지를 다졌다고 합니다.

국가인권위가 2005년 3월 보건복지부 장관과 대한병원협회장에게 "3개월인 여성 인턴의 산전 후 휴가 기간을 12개월인 인턴 수련 기간에 포함하여 인정할 것"을 권고했지만, 유 씨는 한동안 관련 기관 사이에서 탁구공 신세였습니다. 서로 책임지지 않으려고 결정을 미룬 것입니다. 결국 6월 16일 병원협회가 "인턴이 출산 휴가를 사용한 경우에도 별도의 추가 수련 없이 정해진 기간만 채우면 된다"는 결정을 내리면서 유 씨는 힘겹게 인턴 딱지를 뗄 수 있었습니다. 인턴에 들어간 지 1년 4개월 만이었습니다.

"사직서 내는 데 정말 후련했습니다. 살다보면 이런 날도 오는구나, 그런 생각이 들더라고요. 내가 이 일을 하지 않았으면 나중에 나처럼 피해볼 사람이 있을 텐데, 그분들을 위해서 좋은 일을

한 것 같아요."

긴 터널 속에서 빠져나온 유 씨는 자신의 '작은 승리'가 후배 인턴들에게 새로운 부담을 주지는 않을까 걱정합니다. 이제부터 인턴들도 출산 휴가를 자유롭게 쓸 수 있게 된 것이 역으로 병원 측이 인턴을 더욱 엄격하게 선발하는 부작용으로 나타나지 않을까 하는 우려가 들기 때문입니다.

사표를 낸 뒤 유 씨는 모처럼 아기와 편안한 휴식을 보냈습니다. 인턴 시절 주말에만 잠깐 볼 수 있었던 아기와 종일 지낼 수 있게 되니 인생이 달라졌다고 말합니다. 레지던트라는 더 치열한 전쟁이 눈앞에 기다리고 있지만, 당장은 아줌마의 평범한 일상을 한껏 즐기고 싶다고 합니다.

아기 셋은 꼭 낳고 싶다는 그이지만, 험난하기로 유명한 레지던트 기간에는 임신을 피할 생각이라고 합니다. 4년이 걸리는 레지던트의 경우 아예 모집 단계에서부터 '임신 출산 자제'를 암묵적으로 요구하기 때문이랍니다. 그리고 "지금 임신을 계획한다면 아마도 의사의 꿈을 접어야 할 것"이라며, 그도 한국 사회의 성차별 구조에서 자유롭지 못한 사람임을 털어놓습니다. "동등한 조건의 남녀가 지원한다면, 내가 병원장이라도 남자를 먼저 뽑게 될 것"이라고 말하는 유 씨. 그의 솔직한 고백에서 이 땅의 여성들이 부대끼고 살아가는 차별의 실상이 느껴집니다. '출산 파업.' 이 서글픈 사태의 주동자는 결코 여성이 아닙니다.

여군은 초콜릿을 좋아하지 않는다

퇴역 처분 취소 소송 이긴 피우진 중령

피우진 중령은 1979년 8월 여군 특수병과 소위로 임관한 후 특전사, 88사격단 여군 중대장을 거치며 88서울올림픽 등 군내외 각종 행사와 훈련에서 좋은 성적을 거두었습니다. 출중한 군인으로서 군대뿐만 아니라 사회 전반에까지 여군 장교의 위상을 높였다는 평가를 받았고, 육군 여군 대대와 1군사령부 등에서도 뛰어난 지휘관으로 알려졌습니다.

하지만 화려한 스포트라이트 뒤엔 그만의 말 못할 아픔도 많았습니다. 군대 밖으로는 빼어난 여장부로 포장됐지만, 군대 안에서는 줄곧 차별과 편견에 시달렸다는 게 그의 고백입니다. 초임 장교 시절엔 여군이라는 사실 자체가 차별의 영역이었다고 말합니다. 여군은 남자 군인과 대등하게 경쟁하는 사람들이 아니라 군대 안에서도 고립된 집단이었다고 합니다.

그 시절 피 중령은 고된 훈련과 성적인 모욕은 견딜 수 있었지만, 여성이라는 이유로 무시당하고 따돌림을 받는 건 죽기보다 싫었다고 합니다. 그런 수모를 당할 거라면 애당초 군복을 입지도 않았을 거라며 피 중령은 울분을 토합니다.

"1980년대 초반 저를 포함해 세 명의 여군 장교가 조종사 훈련을 받기 시작했을 때 국방부는 여군의 위상이 높아졌다며 대대적으로 홍보를 했습니다. 하지만 여군들은 보직과 교육에서 지속적으로 차별을 받아야 했습니다. 여군 병과를 별도로 운영하는 것 자체가 하나의 벽이었고, 어렵게 남성들이 주도하는 병과에 들어가더라도 내부에서 여성들의 독자적인 영역을 확보하는 데 현실적 한계를 느꼈습니다. 사정이 이렇다 보니 세 명 중 두 명은 전역했고 저도 병과를 보병으로 바꿀 수밖에 없었습니다."

1980년대 말 국방부가 장교들의 전공을 토대로 병과를 재분류하는 과정에서 여군 항공병과가 설치됐지만, 이미 7년 동안이나 비행기를 타지 못한 피 중령(당시 소령)은 남성들과 공정하게 경쟁하기 어려웠습니다. 결국 보직 결정 과정에서 끊임없이 마음의 상처를 입었고, 중령을 달고도 비행 시간이 모자란다는 이유로 대대장을 맡지 못했습니다.

피 중령은 왜 그런 고통을 감수하면서도 군복을 벗지 않았을까요? 군대를 너무나도 사랑했기 때문에 그대로 떠날 수 없었다는 게 그의 때 묻지 않은 대답입니다.

그러던 그에게 정말 참을 수 없는 일이 벌어졌습니다. 2002년 10월 피 중령은 서울 아산병원에서 좌측 가슴에 종양이 있다는 진단을 받았습니다. 그는 암 환자라는 사실에도 전혀 굴하지 않고 성공적으로 수술을 끝낸 뒤 정상적으로 군 생활을 계속했습니다. 피 중령이 수술 이듬해부터 연간 정기 체력 검정에서 무난히 합격했고, 2006년엔 23일간 국토 종단을 완주한 기록에서 그의 건강 상태가 양호했음을 엿볼 수 있습니다.

하지만 피 중령은 2005년 정기 신체 검사에서 불합격 판정을 받고 퇴역 처분을 당했습니다. 체력에 문제가 없는 사람이 신체 검사에 떨어지는 특이한 사건이 발생한 것입니다. 도대체 무슨 까닭일까요?

국방부가 내세운 논리는 군인사법과 동법 시행규칙이었습니다. 이에 따르면 '유방의 악성 신생물'이 발견될 경우 전역이나 퇴역 사유가 된다는 것입니다. 당사자의 정확한 상태를 따져보지 않고 법의 형식 논리에 따라 밀어붙이는 한국 군대 특유의 관행이 또다시 유능한 군인을 수렁에 빠트린 셈입니다. 법은 기본적으로 보수적 성격을 띠기 때문에 사회의 변화 속도를 따라잡지 못한다는 주장을 잘 보여주는 사례가 아닐까 합니다.

국방부의 형식 논리를 일부 인정하더라도 문제가 사라지는 건 아닙니다. 국방부가 피 중령에게 적용한 군인사법 시행규칙은 군대 내부에서 통용되는 일종의 사무 처리 지침으로 국민의 기본권을 강제할 경우 또 다른 모순을 일으킵니다. 이에 대해서는 대법원도 문제가 있다는 판결을 내놓은 바 있습니다.

군대는 피 중령을 내쫓았지만 피 중령은 군대를 버리지 않았습니다. 군대의 잘못된 관행을 그대로 두고 군복을 벗는다면 자신도 패배자일 뿐이라며 긴 싸움을 시작했습니다. "누군가 치고 나가야 바뀔 수 있다. 기왕 칠 거라면 어차피 버려진 내가 치는 게 낫다." 피 중령의 각오는 비장했고, 실제로 그는 국방부를 상대로 소송을 제기했습니다.

1심법원은 피 중령의 손을 들어주었습니다. 비록 심신장애등급 2급 판정을 받았더라도 현역으로 복무하는 데 장애 사유가 될 정도는 아니라며 국방부의 퇴역 처분이 위법이라고 판결한 것입니다. 어쩌면 당연한 얘기겠지만, 퇴역 처분을 당한 군인이 천신만고 끝에 받아낸 결정이라는 점에서 남다른 의미가 담겨 있습니다. 그러나 국방부는 이미 피 중령이 복직을 위해 신청한 인사 소청을 기각했고 1심 판결에 불복해 항소했습니다. 이에 국가인권위는 2008년 1월 피 중령의 퇴역 처분을 둘러싼 소송이 국민의 인권 보호에 영향을 끼칠 수 있는 중요한 재판이라고 판단하고, 2심 재판부인 서울고등법원에 의견을 제출했습니다. 국가인권위는 국방부의 퇴역 처분이 헌법상 비례의 원칙*에 어긋나고, 국방부가 적용한 군인사법의 당초 목적과도 상당한 차이가 있다고 보았습니다. 피 중령과 유사한 피해를 입은 군인에 대해 서울행정법원이 내린 판결도 주목할 대목입니다. 국방부가 현역 복무중 위암 진단을 받고 절제 수술을 끝낸 뒤 별다른 이상 없이 근무하던 부사관을 전역 처분한 사건에 대해 법원은 2007년 5월 취소 판결을 내린 사례가 있습니다. 이 사건에서도 법원은 군대 내부의 사무 규칙으로 기본권을 제한한 점, 피해자가 정상적으로 군복무를 수행한 점을 중시했습니다.

피 중령은 소송에서 이기고 군에 복귀하더라도 곧바로 정년**을 맞습니다. 누군가는 상징적 승리를 거두었으니 이쯤에서 끝내는 게 어떠냐는 얘기도 했습니다. 하지만 피 중령은 단호하게 말했습니다. "이대로 끝낼 수 없다."

피 중령은 군이 국민의 사랑을 받기 위해서는 전면적인 대수술이 필요하다고 말합니다. 사고가 터질 때마다 땜질 처방을 하는 방식으로는 군대의 문제점을 해결할 수 없다는 설명입니다. 아무리 좋은 무기를 구입하고 전술을 체계적으로 짜더라도 병사들의 사기가 떨어지면 강한 군대가 될 수 없다고 피 중령은 강조합니다.

"인간미가 살아있어야 합니다. 몸이 힘들어도 따뜻한 동료가

■ 국민의 기본권을 제한할 경우 목적이 정당하고 방법이 적정하며 피해를 최소화하고 공익과 사익 사이의 균형이 이루어져야 한다는 원칙.
■■ 현재 중령의 정년은 53세로 정해져 있다.

있으면 얼마든지 견딜 수 있습니다. 지휘관에 대한 믿음이 있어야만 위기의 순간이 와도 명령을 따르는 것입니다. 인격을 존중하고 사람대접을 제대로 해주는 군대, 우리 사회가 거기까지 가려면 뼈를 깎는 노력이 필요하다고 봅니다."

피 중령은 2008년 총선에서 진보신당 비례대표 후보로 선출됐습니다. 그가 정치권에 발을 담그자 "군인이 웬 진보 정당?" 하며 의아해하는 사람도 적지 않았다고 합니다. 시작은 진보신당 노회찬 의원과의 따뜻한 인연에서 시작됐습니다. 2007년 군사법원 국정감사에서 노회찬 의원은 피우진 중령 사건에 대한 국방부의 항소 결정을 비판하며 군사법원장에게 피우진 중령의 저서《여군은 초콜릿을 좋아하지 않는다》를 선물했다고 합니다. 이 책을 읽어보고 항소 결정을 취소하라는 의미였습니다.

2008년 5월 23일 피 중령의 기나긴 싸움은 막을 내렸습니다. 고집스럽게 소송을 밀어붙이던 국방부가 상고를 포기하고 사법부의 의견을 받아들인 것입니다. 대법원에서 승소할 가능성이 없는 상태에서 피 중령을 복직시키기로 결정한 국방부의 결정은 비록 한참 늦게 나오기는 했지만, 한 군인의 명예를 회복하고 나아가 부당한 차별을 시정한 뜻 깊은 사례를 남겼다는 점에서 주목할 만합니다. 피 중령이 잃어버린 시간을 남아 있는 1년여의 군복무 생활에서 만회할 수는 없겠으나, 그가 걸어온 여정은 수많은 후배 군인들에게 귀감이 될 것입니다.

동성애자인권연대 정욜 씨

1980년대 후반 어느 대학에서 벌어진 일입니다. 그때까지 커밍아웃*을 하지 않았던 한 대학생이 학교 신문에 동성애자들의 공식 모임을 제안했는데, 이를 계기로 성적 소수자에 대한 논쟁이 벌어졌습니다. 아쉽게도 그 무렵의 공방은 성적 소수자의 자기 정체성을 분명하게 드러내지 않은 채 이루어졌습니다. 오로지 이성애만이 옳고 남성과 여성에게는 서로 다른 성 역할이 주어져 있다는 고정 관념 속에서 성적 소수자들은 '비정상인', 심지어 '정신병자'라는 낙인까지 찍혔답니다. 다

* 'come out of closet'에서 유래한 용어로 '벽장 속에서 나오다'는 뜻. 동성애자들이 더는 벽장 속에 숨어 있지 않고, 공개적으로 사회에 자신의 성적 지향을 드러내는 것을 말한다.

른 사회 문제에 대해 진보적이었던 이른바 '386 운동권' 대학생들의 편견도 이에 뒤지지 않았습니다.

우리 사회의 대표적 소수자임에도 제대로 주목받지 못했던 사람들이 바로 동성애자들입니다. 그들에게는 인격적 대우는 고사하고 터무니없는 비난과 멸시가 쏟아지기도 했습니다. 실제로 오랫동안 적지 않은 사람들이 에이즈의 직접적 원인이 동성애라고 믿었던 걸 생각해 보면 그 심각성을 느낄 수 있을 듯합니다. 적어도 2000년에 연예인 홍석천 씨의 커밍아웃이 있기 전까지 성적 소수자들의 인권 문제는 본격적으로 제기되지 못했습니다.

성적 소수자의 인권 실태는 우리나라가 선진국과 비교할 때 가장 차이가 많은 부문이기도 합니다. 우리나라의 현실에서, 동성끼리 합법적으로 부부를 이루는 네덜란드는 '이상한 나라'에 속합니다. 성적 소수자라 해서 사회적으로 어떠한 차별을 받지 않는 선진국과 달리 우리나라의 성적 소수자들은 여전히 커밍아웃을 주저합니다. 도리어 폭력적인 아우팅outing** 피해자 문제를 걱정해야 할 판입니다.

홍콩 스타 장국영의 연기가 빛났던 〈패왕별희〉, 고인이 된 이은주가 열연했던 〈주홍글씨〉, 그리고 조선 시대 광대들의 삶을 한국적 미학으로 곱게 빚어냈던 〈왕의 남자〉. 이 영화들의 공통점은

** 자신의 의사와 무관하게 타인에 의해 강제로 커밍아웃 당하는 경우를 말한다.

동성애자의 고통스러운 삶이 진한 울림으로 다가온다는 점일 듯합니다. 누군가를 사랑한다는 점에서 동성애자들은 이성애자들과 다르지 않습니다. 하지만 다른 형태의 사랑을 한다는 이유로 동성애자들은 아주 오랜 옛날부터 상처를 입어왔던 것입니다.

터키어로 '욜Yol'은 '길' 또는 '인생의 항로'를 뜻합니다. 한국동성애자인권연대에서 활동하고 있는 정욜 씨는 불모지에서 길을 찾는 사람입니다. 유엔자유권위원회가 "성적 지향은 모든 차별로부터 보호되어야 한다"고 천명한 지 10여 년, 남아프리카공화국이 역사상 처음으로 헌법에 성적 지향에 따른 차별을 금지하는 조항을 포함시킨 지 8년이 지났는데도, 한국 사회는 이에 관한 논쟁이 아직도 무지와 편견 사이를 오가고 있습니다. 그런 이유로 정 씨가 살아온 길은 성적 소수자에 대한 우리 사회의 빈약한 인식 수준을 여실히 보여줍니다.

정 씨가 동성애자로서의 성 정체성을 발견한 것은 대학에 입학한 뒤의 일입니다. 고등학교에 다닐 때도 또래 친구들과 뭔가 다르다는 느낌을 가진 적은 있었지만, 정 씨는 그때마다 남들과 취향이 달라서 그러겠거니 하면서 대수롭지 않게 넘겨버렸다고 합니다. 1997년 어느 가을날, 다방면의 책을 읽으면서 자신이 동성애자일 수도 있다는 사실을 어렴풋이 깨달아가던 그 무렵, 정 씨는 대학 교정에 나붙은 동성애자들의 모임을 알리는 대자보를 발견했습니다.

그리고 얼마 후 대학가 부근의 반지하 자취방에 모여든 20여 명의 성적 소수자들 틈에 정 씨도 끼어 있었습니다. 정 씨는 이날 모임에 나갈 것인가 말 것인가를 놓고 긴 시간을 고민했지만, 막상 찾아간 뒤에는 자신이 혼자가 아니라는 생각에 막혔던 것이 툭 터지는 듯한 희열을 맛보았다고 합니다.

"믿고 따르던 선배들도 제가 동성애자라는 얘기를 듣고는 이상한 시선으로 바라보더군요. 나는 아무렇지도 않은데 주변 사람들이 나를 낯설게 대하는 풍경들…… 그건 당사자가 아니면 상상하기 어려운 고통입니다. 이쯤에서 나의 실체를 드러내지 못하고 멈춰버리면 또다시 고립된 공간으로 들어가야 한다는 생각이 들었어요. 마지막 벼랑에서 구원의 줄을 잡는 심정으로 문을 두드렸고 그곳에서 새로운 삶을 발견한 거죠."

하지만 새로운 삶을 발견한 대가는 컸습니다. 정 씨의 군대 생활은 악몽 그 자체였습니다. 어느 날 동성애자로부터 날아온 연애편지가 공개되면서 아주 특별한 존재가 되었던 것입니다. 자신은 동료들에 대해 아무런 감정도 느끼지 못했지만, 남들은 "네가 젊은 군인들을 그냥 두겠느냐?"며 거리를 두었습니다. 결국 정 씨는 우여곡절 끝에 정신병원에 2개월 가까이 수용돼 의병제대 대상자에 오르기까지 했습니다.

"정신병자임을 인정하면 제대를 시켜주겠다고 하더군요. 하지만 그럴 수는 없었어요. 저는 동성애자가 어떻게 정신병자일 수 있느냐고 항의했지만 벽에다 대고 소리를 지르는 것이나 다름없었습니다. 저녁 무렵이면 '마음에 드는 간호 장교가 있느냐?'는 질문을 받고, 무슨 약인지도 모르고 받아먹어야 했고, 강제로 에이즈 검사를 받는가 하면 독방에서 혼자 잠을 자야 했어요."

정 씨는 2002년 가을부터 동성애자인권연대의 대표를 맡아 국가인권위에 두 건의 진정을 접수했습니다. 첫째는 동성애 사이트를 퇴폐·음란 사이트로 구분한 '청소년보호법시행령 청소년 유해 매체물의 심의 기준'에 대한 문제 제기였습니다.

P회사가 이 심의 기준에 따라 만든 음란물 차단 프로그램은 전국의 PC방에 설치돼 동성애 사이트에 대한 접근을 차단했고, Y포털 사이트는 '동성애'라는 단어를 성인 전용 검색어로 지정해 청소년들의 접근을 막았습니다.

그는 이 문제를 사회적 의제로 끌어내기 위해 다른 동성애자 인권 단체들과 함께 정보통신윤리위원회를 방문해 항의 시위를 벌이는가 하면, 인터넷 사이트 파업을 주도하기도 했습니다. 한편 국가인권위는 2003년 3월 정 씨의 진정과 관련해, "동성애 자체를 청소년 유해 매체물 심의 기준으로 둔 것은 성적 지향에 의한 차별"이라는 결정을 내리고 청소년보호위원회에 청소년 유해 매체물 심의 기준에서 '동성애' 문구를 삭제할 것을 권고했고, 청소년보호위원회가 이 권고를 수용했습니다.

정 씨는 이 일을 계기로 한국 사회에서 동성애자의 인권 문제가

질적인 전환기에 접어들었다고 평가합니다. 그동안 청소년 보호라는 목적 앞에서 동성애 인권은 꺼낼 수도 없는 주제였지만, 이번 일을 계기로 상황이 개선되었다는 것입니다.

정 씨의 두 번째 진정은 헌혈 문진표에 동성애자를 차별하는 내용이 들어 있는 것에 대한 문제 제기였습니다. 실제로 현재 헌혈 문진표에는 "동성이나 불특정 이성과 성 접촉이 있었다"는 부분이 포함되어 있습니다. 국가인권위는 이 진정 사건과 관련해, 2004년 8월 "합리적인 이유 없이 성적 지향을 이유로 평등권을 침해하는 차별 행위"라고 인정했습니다.

정 씨는 "동성애와 에이즈가 무관하다는 것이 다양한 연구를 통해 과학적으로 입증되고 있음에도, 동성 간 성 접촉이 있었다는 사실만으로 에이즈 바이러스에 감염될 수 있는 것처럼 해석할 수 있는 질문을 문진표에 포함시키는 것은 동성애자에 대한 인격적 모욕"이라며 헌혈 당국의 조속한 문구 개정을 촉구했습니다.

그는 앞으로도 학교 안에서 성 정체성에 관한 다양한 교육이 이루어질 수 있도록 구체적인 프로그램을 만드는 데 주력할 계획이라고 합니다. 몇 사람의 동성애자가 특정한 환경에서 차별받지 않는 것도 중요하지만, 더 근본적인 문제는 사람들의 의식이 바뀌는 것이라고 믿기 때문입니다.

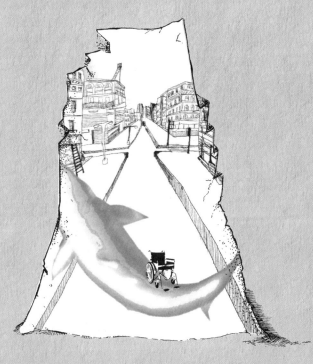

세상 밖을 향한,
세상 안에서의 싸움

장애에서의 인권찾기

어느 장애인의 공무원 시험 고난기

지방직 공무원 시험 차별 진정인 이종국 씨

몇 년 전까지만 해도 장애인의 반대말은 정상인이었습니다. 일부 교과서에까지 그렇게 나와 있었기 때문에 많은 사람들이 별다른 의문을 품지 않고 그렇게 생각하지 않았을까 싶습니다. 여기서 장애인의 의미를 언어적으로만 풀어본다면 결국 '정상적이지 않은 사람'이 됩니다. 신체의 일부가 다르다고 해서 비정상이라고 부를 수 있을까요? 곰곰이 따져 보면 참 어이없는 용어였지만, 우리는 아주 오랫동안 당연하게 여기며 살아왔습니다. 장애인의 눈으로 세상을 바라보려는 비장애인들이 많아질수록 우리 사회의 인권 감수성은 높아질 것입니다.

하늘에 큰 구멍이라도 생긴 것처럼 폭우가 쏟아지던 어느 목요일 저녁, 뇌병변 장애인￼ 이종국 씨는 반바지 차림으로 지하철 1호선 회기역까지 필자를 마중나왔습니다. 자취방을 찾기 어려울까봐 빗속을 뚫고 15분을 걸어온 것입니다. 이 씨의 집으로 향하면서 장애인과 비장애인이 거리에서 일상적으로 겪는 '차이'를 새삼 실감했습니다. 비장애인에 의한, 비장애인을 위한, 비장애인의 거리라고나 할까요. 비상 라이트를 켜고 빗속을 질주하는 승용차는 비장애인에게도 두려운 물체였습니다. 필자보다 걸음이 늦은 이 씨는 흙탕물을 뒤집어쓰고 아슬아슬하게 횡단보도를 건넜습니다. 비장애인의 속도에 맞춰진 교통 신호등이 장애인을 배려할 리 만무합니다. 골목길에 불법으로 늘어선 자동차 사이로 오토바이는 사납게 질주하고, 이 씨는 이리저리 휘청거리다 우산을 제대로 받치지 못해 폭우에 몸을 내맡기고 맙니다. 집 앞 골목에서부터 이 씨는 갑절로 힘들게 세상과 싸우고 있는 셈입니다.

이 씨는 태어날 때부터 장애인이었습니다. 산모가 위험해 강제 분만을 시도하다 뇌를 다쳐 뇌병변 장애를 갖게 되었다고 합니다. 하지만 이제껏 살아오면서 단 한 번도 어머니를 원망해 본 일이 없습니다. 네 살 때까지 기어 다니지 못하고 일곱 살 때까지 고개를 가누지 못한 아들을 지극한 정성으로 학교에 다닐 수 있게 만들어준 사람이 바로 어머니였기 때문입니다. 하지만 초등학교 5학

￼ 중추 신경의 손상으로 인한 복합적인 장애를 말하며, 뇌성마비, 외상성 뇌손상, 뇌졸중 등 뇌의 기질적 병변으로 보행 또는 일상생활에 제한을 받는다

년, 한창 응석을 부릴 나이에 이 씨는 어머니를 잃었습니다. 오랫동안 심장병을 앓다가 돌아가신 것입니다. 설상가상으로 6개월 뒤 아버지마저 교통사고로 숨을 거두었습니다. 갈 곳도 의지할 곳도 없었던 그를 품어준 사람은 바로 이 씨가 인생의 스승으로 여기는 남 목사입니다. 그의 곁에서 이 씨는 비장애인들과 어울려 살아갈 수 있는 힘을 얻었고, 자신의 몸속 깊숙이 감춰져 있던 재능을 마음껏 펼칠 수 있었습니다.

제1회 청소년글짓기 장려상, 제1회 청소년문학상 소설 부문 동상, 전국학생 과학발명품 경진대회 동상, 전국중고생 자원봉사대회 장관상, 21세기를 이끌 우수인재 대통령상…… 자격증도 열심히 땄습니다. 운전면허증 2종, 컴퓨터활용능력 2급, 사회복지사 2급, 직업재활사 2급. 이 씨는 열심히 공부하면 비장애인들과 얼마든지 경쟁할 수 있으리라고 여겼습니다.

대학을 다니며 이 씨의 꿈은 무르익는 듯했습니다. 장애인 특성화 대학을 다녔기에 아무런 불편 없이 학교를 다닐 수 있었던 것이죠. 시각 장애인을 위해 점자 자료를 배포하고 청각 장애인에게는 수화 통역을 제공하며, 장애인이 요청하면 언제나 대필 또는 컴퓨터로 시험을 치를 수 있는 곳. 비장애인들이 장애인 도우미를 자청하며 '차별 없는 세상'을 만드는 곳. 아마도 이 씨는 한국 사회에서 흔치 않은 '별천지'에 머물렀기에 비장애인들의 눈높이에 따라 구성된 '모진 세상'을 제대로 느끼지 못했던 모양입니다.

대학 졸업을 앞두고 이 씨는 공무원 시험을 준비했습니다. 인간 재활학을 전공한 학생답게 정부 부처에서 장애인 복지와 관련된 일을 하고 싶었다고 합니다. 장애인 차별을 해소하기 위해서는 장애인이 직접 정책 입안자로 참여해야 한다고 생각하는 이 씨의 꿈은 보건복지부 사무관입니다. 그는 정부의 '2퍼센트 장애인 의무 채용 기준'에 대해 "경중 장애인 중심이고, 중증 장애인은 장애인 내부에서도 차별받고 있다"고 주장할 만큼 실질적인 장애인 차별 해소에 관심이 많습니다.

그러나 공무원이 되겠다는 그의 희망은 진입 단계에서부터 벽에 부딪히고 말았습니다. 2005년 충청남도와 경기도 지방직 공무원 시험에 응시한 이 씨는 제대로 실력 발휘도 못한 채 허망하게 낙방했습니다. 평소 국가직 공무원 시험에서 중증 장애인에게 제공되는 대형 답안지로 공부했는데, 지방직 시험에서는 장애인용 답안지가 주어지지 않았던 것입니다. 충청남도는 처음에 구멍이 큰 대형 답안지를 주겠다고 했다가 실제 시험장에서는 비장애인들이 사용하는 일반 답안지를 1.5배로 확대 복사한 용지를 제공해 이 씨를 당황스럽게 만들었고, 경기도는 아예 장애인용 답안지를 준비하지 않았습니다.

비장애인의 시각으로 보자면 문제를 푸는 데 답안지가 뭐 그리 중요하냐고 물을지도 모릅니다. 하지만 몸의 떨림이 심한 뇌병변 장애인들에게 답안 체크는 문제 풀이 이상으로 중요합니다. 이 때문에 대학수학능력 시험과 사법 시험에서는 시험 시간 연장 및 답안지 옮겨 적기 담당 요원 배치를 채택했고, 국가직 공무원 시험에서도 특수 답안지를 제공하고 있는 것입니다.

국가직 공무원은 되는데 지방직 공무원은 안 되는 근거가 무엇일까요? 이 씨가 2006년 3월 "경기도가 장애인 수험생에게 특수 답안지를 제공하지 않은 것은 차별"이라며 국가인권위에 진정을 제기하자, 경기도는 채점관리규정 기본 원칙과 답안지 기재 및 표기 요령 등을 그 이유로 제시한 바 있습니다. 하지만 국가직 공무원 시험에서는 적극적으로 장애인 편의 조치를 시행하고 있다는 사실에 비춰볼 때 경기도의 주장은 설득력이 떨어집니다. 그런 이유로 국가인권위는 2006년 6월 경기도의 조치를 장애인 차별로 규정하고, "필기 능력에 장애가 있는 사람에게 편의 조치를 제공해야 한다"고 경기도지사에게 권고했습니다. 그 후 경기도를 비롯한 여러 지방 자치 단체들이 장애인 수험생에 대한 다양한 편의 조치를 마련했습니다.

이 씨는 2006년 초 본격적으로 공무원 시험을 준비하기 위해 서울로 올라왔습니다. 서울 동대문구 휘경동 연립 주택 골목에 비장애인 고교 동창 두 명과 함께 살아가는 그의 자취방이 있습니다. 부모님이 돌아가신 뒤부터 이 씨가 지급받은 생활보호대상자 지원금을 남 목사가 차곡차곡 모아두었다가 마련한 눈물겨운 집입니다. 성년이 되어 중증 장애인과 함께 사는 비장애인 친구들은 누구일까 새삼 궁금해서 물으니 학창 시절부터 어려울 때 서로 돕고 의지하던 친구라고 합니다.

공무원이 되면 할 일이 아주 많을 것 같다는 이 씨. 장애인 정책 전반을 바라보는 그의 견해는 해박하면서도 따뜻합니다. 때로 거칠게만 밀어붙이는 장애인 운동을 꼬집는가 하면, 공무원들의 탁상공론식 복지 행정도 날카롭게 비판합니다.

"시설에서 일하는 사람들에게 사회 복지 공무원은 엄청난 권력자입니다. 이건 주객이 바뀐 거라고 봅니다. 정말 도움을 받아야 할 사람들은 서류가 갖춰지지 않았다는 이유로 빼버리고 아무 걱정 없는 사람들이 혜택을 받고 있어요. 책상에 앉아서 서류만 쳐다보는 공무원은 필요 없다고 생각해요. 현장을 모르면서 어떻게 복지 문제를 다룰 수 있겠습니까?"

그렇다고 그가 공부에만 파묻혀 사는 사람은 아닌 듯합니다. 스물세 살의 젊은 청년에게 비 내리는 여름밤은 애틋한 감성을 자극하기에 충분해 보였습니다. 그는 분위기를 즐길 줄 아는 시인이기도 했습니다.

"당신을 기다린 지도 기나긴 세월이 흘렀습니다. 그동안 당신을 그리는 마음에 하염없이 불러보았지만 당신은 오시지 않았습니다. 하지만 전 포기하지 않습니다. 그리고 당신을 사랑합니다. 그러기에 언제까지라도 기다리겠습니다."

그 남자가 시험장에서 퇴장한 이유

시험장의 장애인 차별 시정 이끌어낸 김병하 교수

오스카 피스토리우스라는 남아프
리카공화국 국적의 육상 단거리 선수가 있습니다. 그는 태어날 때
부터 두 다리에 종아리뼈가 없어서 양 무릎 아래쪽을 잘라내고 탄
소 섬유로 만든 의족을 달았습니다. 평소엔 의족을 벗고 있다가 달
리기를 할 때는 의족을 착용합니다. 비록 불편한 다리를 가졌지만
그는 피나는 노력으로 빛나는 기록 행진을 이어가고 있습니다. 단
거리 선수인 그의 기록은 올림픽 출전 기준에 약간 못 미치지만,
어지간한 비장애인 선수보다 빠릅니다. 각종 국제 장애인 육상 대
회에서 이미 최고의 기량을 입증했고, 어느덧 비장애인들의 기록
에도 근접하고 있습니다. 2008년 현재 그의 최고 기록은 100미터

10.91초, 200미터 21.58초, 400미터 46.34초에 이르렀습니다.

그러나 피스토리우스가 올림픽 경기에 출전할 수 있는 기회를 얻기까지는 긴 시간이 필요했습니다. 국제육상연맹IAAF은 최근까지 "기술적 장비가 기록 향상에 영향을 끼치는 것을 허용할 수 없다"며 그의 올림픽 출전에 반대했지만, 스포츠중재재판소CAS는 2008년 5월 피스토리우스가 올림픽에서 비장애인들과 겨룰 수 있다는 결정을 내렸습니다.

혹자는 이렇게 물을지도 모릅니다. "장애인인 피스토리우스가 장애인 올림픽에 나가면 되는 거 아닙니까?" 하지만 피스토리우스는 비장애인들과 당당하게 경쟁하고 싶었기에 외로운 싸움을 벌여온 것입니다. 모든 인류가 함께 즐기는 올림픽 축제라면 장애인에게도 문을 열어야 한다는 게 그의 소신입니다. 그러나 아쉽게도 피스토리우스는 끝내 2008년 베이징올림픽 무대를 밟지 못했습니다. 보조기구에 대한 논란은 어렵게 극복했지만, 비장애인들과의 현실적인 기록 경쟁에서 이기지 못했기 때문입니다. 남아공 올림픽위원회는 장애인과 비장애인이 동등하게 겨룬 대표 선발전을 통해 최종 엔트리에서 피스토리우스를 제외했습니다. 피스토리우스는 이제 4년 뒤를 기약해야 합니다. 비록 그가 올림픽 무대에서 활약하는 즐거운 상상은 깨졌지만, 그의 도전은 수많은 장애인들에게 용기와 희망이 될 것입니다.

2003년 11월 5일, 1급 뇌병변 장애인 허광훈 씨는 대구의 한 고등학교에서 2004년 대입 수능시험을 치르고 있었습니다. 그가 30대 중반의 나이에 대학 문을 두드린 이유는 특수 교육을 본격적으로 공부하기 위해서였습니다.

그러나 뇌병변장애인에게 수능시험은 엄청난 고통이었습니다. 그는 휠체어를 타고 교실까지 가는 길에서부터 피로를 느끼더니, 장애인용 화장실과 책상조차 없는 교실에서 제대로 휴식을 취하지 못하자 집중력이 급격하게 떨어졌습니다. 보통 뇌병변 장애인들은 문제를 풀 때 많은 연습장을 사용하는데, 학교 측은 그에게 그 정도의 편의도 제공하지 않았습니다. 또한 뇌병변 장애인들은 시험이 끝난 뒤 보조원이 답안지 작성을 도와주는 경우가 많은데, 허 씨는 문제지에 표시한 답안을 OMR 카드에 옮기는 과정마저 자신이 직접 지켜볼 수 없었습니다. 그러자 허 씨는 시험을 치르고 싶은 의욕이 순식간에 꺾였다고 합니다. 실력을 발휘할 수도 없고 자신의 정당한 문제 제기가 받아들여지지 않는 현실 앞에서 좌절한 것입니다. 2교시가 끝나자 허 씨가 곧바로 시험장에서 퇴장한 것도 그러한 이유 때문이었습니다.

허광훈 씨의 사례는 우리 사회에서 장애인들이 어떤 상황에 처해 있는지를 확연하게 보여줍니다. 많은 사람들이 시험을 공정한 경쟁이라고 생각하지만, 따지고 보면 그것도 비장애인에게만 해당하는 논리일지도 모릅니다. 비장애인을 표준으로 해서 만든 시험 제도가 아무리 정교하더라도, 장애인에게는 시험 방식 자체가 차별로 다가오는 경우가 허다하기 때문입니다. 시각 장애인에게 그림 문제를 제시하거나, 청각 장애인에게 듣기 평가를 강요하는 것이 대표적인 사례라 할 수 있습니다.

허광훈 씨가 특수 교육 전문가의 꿈을 접은 지 20여 일 후, 대구대학교 김병하 교수는 그의 사연을 전해듣고 적극적으로 대응하기로 했습니다. 김 씨가 허 씨의 문제에 개입하게 된 것은 허 씨와 남다른 인연이 있었기 때문입니다. 김 씨는 수년째 대구 지역 장애인 야학 '질라라비'의 교장직을 맡고 있었는데, 허 씨는 바로 이곳에서 공부하며 검정고시를 치렀던 것입니다. 또한 김 씨는 '질라라비'에서 장애인들이 당하는 고통을 직접 목격하고 대구시 교육청에 시정을 건의한 일도 있었다고 합니다. 그래서 허 씨가 시험을 다 보지도 못하고 퇴장한 일이 더욱 가슴 아팠던 것입니다. 김 씨는 허 씨 얘기를 떠올릴 때마다 목소리를 높이며 교육 당국의 무심한 처사를 꼬집었습니다.

"얼마나 화가 났으면 시험을 보다 말고 뛰쳐나왔겠습니까? 자기 손으로 답안에 표시하기도 힘든 사람이 비장애인들과 똑같은 장소에서 시험을 치르는 것은 시작부터 불공정한 게임입니다."

불공정한 게임, 이것이 장애인 문제를 바라보는 핵심이 아닐까 합니다. 흔히 우리는 동일한 시간, 동일한 장소, 동일한 과제를 제시할 경우 공정한 것으로 여기는 경향이 있습니다. 하지만 어떤 사람이냐에 따라 그것은 동일하지 않은 조건이 될 수도 있는 것입

© 새삼

니다. 육상 선수 피스토리우스처럼 동일한 신체 조건이 아니라는 이유로 경쟁에 참여하지도 못하는 경우가 있는가 하면, 허 씨처럼 주어진 조건 자체가 불공정한 경우도 종종 생기게 마련입니다. 장애인 차별 해소가 복잡하고 어려운 이유도 바로 여기에 있을 듯합니다.

국가인권위는 김 씨의 진정 사건을 장애인 차별의 상징적 사건으로 보고 곧바로 조사를 시작했습니다. 다행스럽게도 대구 지역 수능 시험과 직접 관련이 있는 교육감과 한국교육과정평가원장 등을 조사하는 과정에서 상당한 의견 접근이 이루어졌고, 마침내 2004년 5월 10일 허 씨와 교육 당국은 조정안에 합의하기에 이르렀습니다.

조정안은 피해자 허 씨와 진정인 김 씨의 주장을 대부분 반영하고 있습니다. 이에 따르면 "대구광역시 교육감은 허 씨가 앞으로 수능 시험에 응시할 경우 장애인 시설이 갖춰져 있는 대구대학교 부설 보건학교에서 시험을 볼 수 있도록 조치하고, 한국교육과정평가원장은 향후 시행되는 대입 수능 시험에서 장애인 수험생이 문제를 푸는 데 필요한 연습장을 충분히 제공하며, 장애인 수험생이 요구할 경우 OMR 카드에 답을 옮기는 과정에도 당사자를 입회시켜야 한다"고 나와 있습니다.

교육 당국의 대응에서 알 수 있듯이 우리 사회는 충분히 할 수 있는 일을 하지 못하는 경우가 많습니다. 건물을 지을 때 휠체어가 드나들 수 있도록 출입구를 넓히는 것, 공공장소에 장애인용 화장실을 설치하는 것, 시각 장애인을 배려한 점자 안내물을 만드는 것, 청각 장애인을 위해 수화 통역을 진행하는 것…… 이처럼 작지만 소중한 배려가 모이고 어우러질 때 장애인들은 한 걸음 더 비장애인 곁으로 다가설 수 있을 것입니다.

허 씨의 좌절을 분노로만 삭히지 않고 의미 있는 변화를 이끌어 낸 김 병하 씨, 그는 국가 기관이 적극적으로 나서야만 사회적 약자들의 삶이 달라질 수 있다고 강조합니다.

"허 씨의 사례를 통해 장애인 차별 문제에 대한 중요한 기준이 하나 만들어졌다고 봅니다. 그런 측면에서 이번 조정은 최종 결론이 아니라 새로운 출발입니다."

김 씨는 우리나라 특수 교육의 산증인입니다. 우리 사회에 장애인 특수 교육이 뿌리를 내리기 전인 1973년부터 대학 강단에서 후학들을 가르쳐왔습니다. 그는 장애인 관련 시민 단체는 물론 특수 교육 전문 기관의 설립과 운영에도 적극 참여했습니다. 대구 지역 장애우권익문제연구소장, 대구대 특수교육연구소장, BK21 특수교육연구단장, 대구장애인연맹 공동대표…… 최근엔 장애인 차별금지법 제정에도 적극적으로 활동한 바 있습니다. 아마도 이러한 남다른 경력이 우리 사회의 장애인 차별 문제를 바라보는 그의 시선이 넓고도 깊은 이유일 듯합니다.

"제도가 바뀌었다지만 많은 사람들은 아직까지도 장애인을 무능력한 사람으로 귀결 짓고 있습니다. 장애인 당사자가 삶의 구체적인 현장에서 겪는 차별 문제는 은밀하고도 심층적입니다. 국가가 이러한 문제를 구조적으로 풀지 않는다면 차별 철폐는 구호에 불과할 뿐입니다."

허 씨는 이듬해 수능 시험에 다시 응했고, 편의 시설이 비교적 잘 갖춰진 학교에서 시험을 치렀습니다. 비록 기대한 만큼의 성적을 얻지는 못했지만 그는 전보다 훨씬 편안하게 답안지를 작성하고 시험을 모두 치른 뒤 행복하게 시험장에서 나왔습니다. 허 씨는 장애인들이 차별받지 않고 비장애인들과 함께 공부할 수 있는 세상을 꿈꾸고 있습니다. 2008년 4월 시행된 장애인차별금지법은 허 씨와 같은 이들에게 큰 힘이 될 것입니다.

작은 발상이 일궈낸 큰 기적

장애인 교육권 차별 진정인 송인호 씨

휠체어를 타야만 하는 지체장애인 학생이 있었습니다. 어렵게 학교에 입학하긴 했지만 이만저만 불편한 게 아니었습니다. 경사로조차 없는 문턱을 오르내릴 때마다 선생님과 친구들의 힘을 빌려야 했습니다. 화장실에 가는 것도, 체육 시간에 텅 빈 교실을 지키는 것도, 수업 시간에 단 한 번도 칠판 앞에서 문제를 풀지 못하는 것도 그에게는 상처였습니다. 학교 측은 열악한 재정 형편을 이유로 시설 개선에 대한 엄두를 내지 못한 채 그저 학생들에게 "불쌍하니까 너희가 돌봐야 한다"는 말만 되풀이했습니다. 하지만 한두 번 기꺼이 도와주던 친구들도 언제부터인가 짜증을 내기 시작하면서, 장애인 친구는 학교 공부에도 재미를 느끼지 못하게 되었습니다. 결국 그 학생은 학교 측의 권유를 받아들여 장애인 특수학교로 떠나고, 학교는 비장애인들만의 세계로 돌아갔습니다.

우리 사회의 수많은 학교에서 있을 법한 사연입니다. 어쩌면 장애인 학생은 학교에 입학하는 단계에서부터 특수학교 진학을 권유받을지도 모릅니다. 부모의 처지에서도 상애인이라는 설움을 받느니 차라리 장애인들만의 공간을 선택하는 경우가 적지 않습니다. 장애인과 비장애인이 함께 어울리며 어려서부터 장애인의 감수성을 이해하는 선진국의 교육 프로그램은 정녕 요원한 것일까요? 각종 통계는 암담한 현실을 적나라하게 보여줍니다.

전국장애인교육권연대가 실태 조사를 통해 발표한 자료에 따르면 장애 학생 열 명 중에서 두 명이 장애를 이유로 학교로부터 입학과 전학을 거절당한 경험이 있는 것으로 나타났습니다. 전·입학 거절 사유로는 '해당 학교에 특수 학급이 없어서'(19.7퍼센트), '장애 정도가 심해서'(10.6퍼센트), '장애 학생을 받은 적이 없어서'(9.6퍼센트), '안전 사고에 대한 책임 소재 불분명'(9퍼센트) 등의 순이었습니다. 또 장애 학생 부모의 14퍼센트는 특수 교육 기관으로의 전학을 강요받았다고 답했는데, 주된 이유는 '장애 학생이 수업을 방해한다'와 '비장애 학부모들이 싫어한다'였습니다.

"장애인 한 명의 교육권을 위해 1억 7천만 원을 쓴다." '장애인의 천국'이라 불리는 미국의 얘기가 아닙니다. 수많은 장애인의 희생을 겪고 나서야 지하철 엘리베이터와 저상 버스를 도입한 서울특별시의 얘기도 아닙니다. 이것은 경상북도 영주시 영주중학교에서 일어난 실화입니다. 서른이 넘어 중학교에 입학한 중증 뇌성마비 장애인 송인호 씨가 바로 이 놀라운 '사건'을 일으킨 주인공입니다.

아침 등교 시간, 영주중학교 교문으로 몰려드는 자전거 부대 속에 수동 휠체어가 하나 보입니다. 송인호 씨는 얼마 전까지 타고 다니던 전동 휠체어가 고장 나서 아버지의 도움을 받아야만 학교에 갈 수 있습니다. 마음 같아서는 전동 휠체어를 얼른 고쳐주고 싶지만 부속 수수료 30만 원을 구하기가 만만치 않다는 게 아버지의 하소연입니다. 아버지는 20년 넘게 재래시장 모퉁이에서 방앗간을 운영해 왔는데, 갈수록 장사가 더 힘들어진다며 한숨을 토해냅니다.

장대비가 쏟아지는 날에도 가방을 챙겨들고 등교를 재촉하는 아들. 아버지는 그런 자식을 보면서 한편으론 대견하면서도 죄책감에 빠져들곤 합니다. 딸 넷을 낳고 다섯째로 얻은 아들의 장애가 부모의 잘못처럼 느껴지는 것입니다. 송 씨의 아버지는 아들이 열 살이 될 때까지 집 밖을 나서지 못했다며 자신을 자책합니다. 아들이 갓난아기였을 때 사소한 부주의가 장애를 일으킨 건 아닐까 평생을 두고 후회하고 또 후회한 아버지입니다.

그러나 아들은 학교에 다니기 시작하면서 전혀 다른 사람이 되었습니다. 아들에게 새로운 세상이 열린 것입니다. 이것이 아버지가 날마다 병마에 찌든 몸을 곧추세우며 휠체어를 미는 이유이기도 합니다.

학교를 영영 모를 수도 있었던 송인호 씨는 언제부터인가 집 근처 사회복지관을 다니기 시작했는데, 이곳에서 공부하며 초등학교 검정고시에 합격했고 지인의 도움으로 중고 전동 휠체어도 얻었습니다. 공부는 그에게 세계를 보여주었고, 전동 휠체어는 그의 손발이 되어주었습니다. 이때부터 송 씨는 문턱이 닳도록 교육청을 드나들면서 중학교 진학을 모색했습니다. 지성이면 감천이라 했던가요. 그에게도 마침내 중학교에 입학할 수 있는 길이 열렸습니다.

2005년 3월. 송 씨는 영주중학교 입학식에 참석했습니다. 꿈같은 현실이었으나 자축의 시간은 그리 길지 않았습니다. 그는 담임교사를 따라 교실을 둘러보고 몹시 실망했습니다. 학교 측은 나름대로 중증 장애인의 입학에 대비해 입구에 철판 경사로를 만들고 보조 교사까지 채용했지만, 혼자서 움직이는 것 자체가 불가능한 송 씨에게는 턱없이 부족한 시설이었습니다. 더구나 3층의 컴퓨터실, 별관의 음악실과 도서실, 뒷건물의 미술실 등은 접근조차 할 수 없는 상태였습니다.

입학식 날 저녁 송 씨는 컴퓨터 앞에 앉았습니다. 아버지가 사준 컴퓨터는 그의 가장 친한 친구이자 바깥세상과 자유롭게 소통

하는 창입니다. 비록 심한 강직 현상* 때문에 손가락 대신 발가락으로 자판을 두드려야 하지만, 그의 글은 분명한 메시지를 담고 있었습니다. 그는 방송, 뉴스 등을 통해 평소 알고 있던 국가인권위 홈페이지에 접속한 뒤 "장애인의 교육받을 권리가 침해당하고 있다"는 글을 올렸습니다.

송 씨가 국가인권위에 진정을 접수했다는 소식은 금세 영주중학교에 전해졌습니다. 이를 두고 학교 측에서는 나름대로 노력했는데 서운하다는 의견도 있었지만, 이번 기회에 장애인 통합 교육을 모범적으로 실천하자는 주장이 더 많았다고 합니다. 여기에는 학교장의 노력이 컸다고 합니다.

국가인권위가 송 씨의 진정 사건을 조사하는 동안 영주중학교에서는 적지 않은 변화가 일어났습니다. 시도교육청이 영주중학교의 장애인 편의 시설 공사 계획을 적극적으로 수용해 8,100여만 원을 지원한 것입니다. 공사가 완공되면서 송 씨는 엘리베이터와 경사로를 이용해 음악실이나 컴퓨터실에 들어가고, 화장실도 편하게 이용할 수 있게 되었습니다.

송 씨는 학교에서 벌어진 일들이 믿기지 않는 모양입니다. 방 안에서만 머물던 생활에서 벗어나 선생님과 함께 문화 유적지를 돌아다니며 현장 수업을 할 수 있게 되었기 때문입니다. 처음엔

■ 신체의 일부에 불필요한 힘을 가하는 현상.

서먹서먹했던 조카뻘 되는 급우들도 어느새 송 씨를 '큰형님'이라 부르면서 장난까지 칩니다. 쉬는 시간에 슬쩍 다가가 "공부하는 게 재미있느냐?"고 물었습니다. 고개를 끄덕이며 한동안 웃음을 멈추지 못하는 송 씨의 표정이 평화롭게 느껴졌습니다.

송 씨에게 학교는 어떤 의미가 있을까요? 송 씨를 돕고 있는 보조 교사는 "비장애인들처럼 할 수 있다는 사실만으로도 송 씨에게는 기쁨"이라고 말합니다. 비록 글을 읽는 속도가 느려 시험 시간마다 어려움을 겪지만, 최선을 다해 답안을 쓰는 과정 자체에서 만족을 느끼는 것 같다는 말도 덧붙입니다. 그리고 하나 더. 송 씨는 아마도 타고난 낙천적 성격 덕분에 학교 생활에 잘 적응하는 게 아닐까 하는 생각이 들었습니다. 그는 학교에 다니면서 아버지에게 이런 말을 자주 한답니다.

"내가 대학 가면 돈 많이 벌어서 아버지 먹여 살릴 거예요."

송 씨가 학교 다니는 재미에 푹 빠져들 무렵 경상북도 교육청은 영주중학교 본관과 뒷건물을 연결하는 이동 통로 공사에 8,700여만 원을 추가 지원하기로 결정했습니다. 2005년 봄 모든 공사가 마무리되면서 송 씨는 계단을 통하지 않고 영주중학교의 모든 교실에 들어갈 수 있게 됐습니다.

송 씨의 입학은 영주중학교의 시설만 바꿔놓은 게 아닙니다. 학교장은 송 씨 문제를 겪으면서 장애인 인권에 새롭게 눈을 떴다고 말합니다. 그는 송 씨의 사례를 접하면서 국립특수교육원에서 열린 특수교육관리자 과정을 수강하기도 했는데, 그의 수강 소감은 인권 교육이 얼마나 중요한지 새삼 느끼게 합니다.

"어떤 의미에서 우리 모두가 예비 장애인이라고 생각합니다. 그런 의미에서 장애인들을 배려하는 것은 우리 스스로를 보호하는 것이기도 하죠. 처음 국가인권위에서 조사할 때는 한 사람을 위해 그렇게 큰 공사를 해야 하는가 고민했지만, 지금은 그동안 못했으니 더 열심히 해야겠다는 생각이 듭니다. 이번 일을 통해서 '장애인'의 반대말이 '정상인'이 아니라 '비장애인'이라는 걸 알게 된 것을 고맙게 여기고 있습니다."

세상 밖을 향한, 세상 안에서의 싸움

장애인 이동권 운동의 상징 박경석 대표

장애인 단체에 따르면 우리나라의 전체 장애인 수는 400만 명 이상에 달합니다. 만만치 않은 숫자지만 비장애인들은 일상생활에서 장애인을 자주 만나지 못합니다. 그렇다면 장애인들은 다 어디로 간 것일까요?

바깥세상으로 나서고 싶어도 나설 수 없는 사람들. 그들이 바로 한국의 장애인들입니다. 지체 장애인들에게 차량 중심으로 짜인 교통 신호 체계는 여간 불편한 게 아닙니다. 실례로 시각 장애인들에게 군데군데 끊긴 유도 블록은 위험천만한 시설입니다. 장애인들은 유도 블록을 찾지 못해 지하철역에서 출구를 찾아 헤매기 일쑤이고, 비장애인들이 단숨에 도달할 수 있는 곳을 길게 돌아

겨우 도착하곤 합니다.

도우미 없이 나서다가는 언제든 사고 위험에 시달려야 하는 시각 장애인들. 그들이 부대끼는 현실은 비장애인이 상상할 수 있는 수준보다 훨씬 심각합니다. "장애인이 사는 모습을 보면 그 나라의 수준을 알 수 있다"는 국제 사회의 척도에 비춰볼 때, 우리 사회는 아직도 갈 길이 먼 셈입니다.

몇 년 전까지만 해도 이동권은 그다지 주목받지 못했습니다. 적어도 장애인이동권연대가 출범해 본격적인 활동을 벌이기까지는 그랬습니다.

박경석 장애인이동권연대 공동대표. 그는 지난 수년간 한국 사회의 장애인 이동권 운동을 상징하는 인물이었습니다. 그가 가는 곳에는 으레 이동권과 관련한 집회나 시위가 벌어졌고, 버스 타기와 철로 점거 등 그가 주도하는 투쟁 방식은 시민의 적지 않은 관심을 끌었습니다. 박 대표에게는 늘 '이동권'이라는 단어가 따라다니다 보니 그의 이름을 '이동권'으로 착각하는 사람마저 있을 정도였답니다.

2001년 오이도역에서 수직형 리프트를 이용하던 장애인이 추락 사망한 사건을 계기로 장애인이동권연대가 출범하기 전까지 이동권은 개인적 문제에 머물러 있었습니다. 하지만 장애인이동권연대가 그해 7월부터 버스 타기 운동을 벌이면서 이동권 개념이 비장애인들의 주목을 받기 시작했습니다. 특히 그해 8월 29일

세종문화회관 앞에서 8-1번 버스를 네 시간 동안이나 점거하며 이동권 보장을 요구한 시위는 서울 시민들에게 강한 인상을 남겼습니다.

2002년은 이동권이 장애인 인권의 핵심 이슈로 부상한 중요한 시기입니다. 한반도 전역이 월드컵의 열풍에 빠져들고 있을 때, 박 대표는 도심 한복판에서 '장애인이 배제된 월드컵'을 규탄하는 시위를 주도했습니다. 또한 지하철 5호선 발산역에서 발생한 전동 휠체어 추락 사망 사건은 장애인 이동권을 더는 방치할 수 없다는 국민적 공감대를 형성하기에 이르렀습니다. 박 대표는 이 무렵 39일 동안 국가인권위에서 단식 농성을 벌이며 서울시장을 상대로 공개 사과 등을 요구하기도 했습니다. 이후 국가인권위는 발산역 사건의 전모를 철저히 조사해 리프트의 결함과 담당 공무원의 과실을 밝혀낸 바 있습니다.

발산역 사고 직후부터 서울시와 극한 대결을 주도했던 박 대표는 "투쟁 없이 결실 없다"는 소신으로 이른바 '벼랑 끝 전투'를 마다하지 않았습니다. 국가인권위 점거 농성 기간만도 1년이 넘고, 연행과 구속은 일상적인 일이 되어버렸습니다. 그래서 그가 싸움을 끝내고 털어놓는 말은 늘 종결형이 아니라 진행형입니다.

그의 말을 들어보면 장애인의 권리 찾기는 언제 어디서든 계속될 수밖에 없습니다. 발산역 사고 진상 규명의 과정도 예외는 아니었습니다.

"결과적으로 서울시가 공개적으로 사과하지 않았으니까 우리의 요구가 관철된 것은 아니죠. 하지만 이 사건을 계기로 서울시가 지하철 역사에 엘리베이터를 설치하고 저상 버스와 장애인 콜택시 도입을 약속했습니다. 우리가 싸우지 않았다면 서울시는 절대 그렇게 나오지 않았을 겁니다."

서울시가 다른 지방 자치 단체에 비해 상대적으로 장애인 이동권을 적극 고려하는 것은 사실입니다. 하지만 그렇다고 해서 서울시의 이동권 상황이 크게 향상됐다고 말하기도 어려울 듯합니다. 결국 개별 정책으로는 조금씩 나아지고 있으나 전체적 시스템으로 발전하지는 못 하고 있는 셈이죠. 똑같은 저상 버스라도 노선에 따라 장애인들의 이용률에 큰 편차가 발생하고, 철도공사가 관할하는 역사의 경우 엘리베이터 설치가 늦어지고 있는 현상 등이 대표적인 예입니다.

박 대표는 발산역 사건을 계기로 장애인들이 직접 권리를 주장하며 거리로 나서게 된 점에 중요한 의미를 부여합니다. 장애인들이 국가나 사회로부터 시혜를 기대하는 한, 장애인 인권이 실질적으로 개선되기란 요원하다는 것이 그의 지론입니다. 그가 "비장애인들의 잠자는 의식을 일깨우기 위해서는 장애인들의 강력한 투쟁이 필요하다"고 믿는 이유도 여기에 있습니다. 때로 그의 투쟁 노선에 곱지 않은 눈길을 보내는 사람들이 있지만, 당분간 그는 지금처럼 고집스러운 길을 걸어갈 태세입니다.

박 대표가 도심에 나타나면 경찰은 긴장하곤 합니다. 부근에서 시위 또는 농성이 시작될 가능성이 크기 때문입니다. 보통의 경우엔 집회 신고 제출 여부부터 묻고 절차를 밟으라고 요구하겠지만, 박 대표는 그런 '룰'을 종종 건너뛰곤 합니다. 그는 법보다 인권이 우선이므로 법을 어기더라도 그 길을 가겠다고 외치기도 합니다. 비록 그의 '튀는' 행위를 마냥 두둔할 수는 없으나, 그가 걸어온 방식이 오늘의 장애인 이동권 향상에 기여했다는 것도 분명한 사실입니다.

그러나 박 대표가 처음부터 과격한 이미지를 갖고 있었던 건 아닙니다. 그는 대학 휴학 시절이던 1983년 행글라이딩에 푹 빠져 살았는데 대학선수권대회에 나갔다가 추락 사고로 척수마비가 되었습니다. 평소 성격이 활달했던 그였지만, 불의의 사고로 장애인이 된 뒤에는 무려 5년 동안이나 세상과 담을 쌓고 지낸 가슴 아픈 기억이 있습니다. 당시의 상처 때문에 그는 장애인들을 세상 밖으로 끌어내기 위한 활동에 적극 나서게 된 것입니다.

박 대표는 1988년 장애인종합복지관에서 직업 훈련을 받으면서 장애인 운동에 처음 발을 들여놓았는데, 세상에 자신과 같은 장애인들이 많이 있다는 사실에 놀랐고, 그 많은 장애인들이 아무런 서비스도 받지 못한 채 방치되어 있다는 사실에 충격을 받았다고 고백합니다. 그래서 장애인 교육이야말로 장애인 운동에서 가장 중요한 과제라는 생각을 갖고 1993년부터 노들야학에 참여하게 됩니다. '노들야학'의 '노들'은 노란 들판의 줄임말로 가을 들 녘처럼 풍성한 결실을 거두자는 의미였습니다.

"서울 구의동 정립회관에 열 명 정도의 장애인들을 모아놓고 야간 중학교와 고등학교 검정고시반을 만들었어요. 지금이야 장애인 교육 프로그램이 많이 생겼지만 그때는 재활 치료를 받을 만한 병원도 흔치 않았습니다. 그러니 장애인들이 비장애인처럼 공부한다는 것 자체가 놀라운 일이었죠."

그는 수년째 노들야학의 교장직을 맡았는데, 이곳을 졸업한 수백 명의 장애인들은 그의 삶에서 아주 특별한 존재랍니다. 몸이 불편해 거동조차 못하던 중증 장애인들이 야학을 통해 새롭게 태어나는 모습에서 그는 지친 몸을 추스르고 새로운 싸움을 준비해 왔던 것입니다.

박 대표는 늘 바쁩니다. 그래서 어쩌다 한 번 만나더라도 잠깐 몇 마디만 나누고 헤어지는 경우가 많습니다. 끊임없이 벌어지는 집회와 농성이 그를 기다리고 있는 탓입니다. 한번은 거리의 찬바람도 메가폰 소리도 없는 아담한 커피숍에서 마주앉아 이야기를 나눈 적이 있습니다. 왠지 그와 커피는 별로 어울리지 않을 것 같다는 생각이 들었으나 이 역시 비장애인의 편견이었습니다. 커피잔을 들었다 놓을 때마다 이어지는 그의 논리와 재담에서 산전수전 다 겪은 인권 운동가의 내공을 엿볼 수 있었습니다.

그는 수년째 욕창에 시달리고 있으면서도 거의 날마다 농성장으로 향합니다. 주말에도 쉴 틈이 없습니다. 이동권을 실질적으로 보장하기 위한 조례 제정 운동을 확산시키고 전국적인 장애인 차별 철폐 운동 조직을 건설하는 일이 그를 기다리고 있습니다.

"싸우지 않는다면 열매는 없다." 박 대표는 장애인들이 접근하기 힘든 형태로 모습을 드러낸 청계천에서, 저상 버스 도입에 소극적인 지방 자치 단체의 무관심에서, 장애인들의 권리 찾기를 일종의 '시혜'로만 여기는 비장애인들의 의식에서 아직도 할 일이 많다는 것을 뼈저리게 실감한다고 털어놓습니다. 다행스럽게도 2008년 4월 11일, '장애인 차별금지 및 권리구제 등에 관한 법률'이 시행되었습니다. 장애계의 숙원이었던 법이 마침내 현실로 나타난 것입니다. 이 법을 통해 장애인 차별 문제는 상당 부분 시정될 것으로 예상됩니다. 하지만 법만으로는 장애인들에게 진정한 희망 세상을 열어줄 수 없습니다. 사회의 다양한 영역에서 장애인에 대한 편견이 해소되고 '보이지 않는 벽'이 무너져 내릴 때 장애인들의 삶의 질은 향상될 수 있을 것입니다.

우리나라 장애인의 대부분은 사고로 인한 후천성 장애인입니다. 지금은 비장애인이지만 언제든 장애인이 될 수 있는 사회에서 장애인에 대한 배려와 관심은 더욱 절실하다고 말할 수 있습니다. 어느 날 갑자기 바깥세상에 나가는 것조차 두려워진다면 얼마나 괴로울까요? 그런 생각을 하면 박 대표가 이를 악물고 장애인의 투쟁을 독려하는 것이 고맙게만 느껴집니다.

"내가 조금 불편하면 많은 시민들이 편해집니다."

서울도시철도공사 건축팀에서 일하는 이용석 씨는 고객의 눈으로 시설을 바라볼 줄 아는 사람입니다. 그래서 작은 설비 하나를 갖출 때도 쉽게 넘어가지 않습니다. 설계도보다 현장을 중시하고, 기존 매뉴얼보다 실제 이용할 사람들의 목소리에 귀를 기울입니다. 이 씨와 같은 사람이 있기에 세상은 조금씩 달라지는 게 아닐까 생각해 봅니다.

이 씨는 대학에서 건축을 전공했습니다. 고등학교 때 신문에서 우연히 직업별 납세 소득 순위를 보았는데 상위 랭킹을 차지한 의

사나 법률가보다도 유독 9위에 오른 건축사에 마음이 꽂혔다고 합니다. 건축사가 생각을 담아 집을 지으면, 그 집이 다시 사람의 생각을 바꿀 수 있다고 믿었다고 합니다.

이 씨가 도시철도공사에 입사해 처음 설계한 시설은 문화 공연장이었습니다. 딱딱하고 건조한 지하 역사에서 문화적 향기를 만들어내는 건 꽤나 어려운 일이었습니다. 그는 인위적으로 분위기를 만들기보다 젊은이들이 자연스럽게 끼를 펼칠 수 있는 방안을 고민했습니다. 이렇게 해서 지하철 4호선과 7호선이 만나는 이수역에 간이 공연장이 생겼습니다. 이곳에서는 요즘도 퇴근길 시민들에게 여유와 웃음을 선물하는 다양한 공연이 열리고 있습니다.

이 씨의 주요 업무는 지하철 승강기와 장애인 이동 편의 시설입니다. 지하철 리프트에서 장애인들이 잇따라 추락하는 사고가 발생하자 서울도시철도공사는 다양한 대책을 세우기 시작했습니다. 하지만 장애인 편의 시설에 대한 공감대가 형성되는 데는 긴 시간이 걸렸습니다. 예산 부족과 시설 결함 등이 매번 발목을 잡았습니다. 무엇보다 "장애인을 위해 그렇게 많은 돈을 써야 하느냐?"는 생각을 바꾸는 데 오랜 노력이 필요했다고 합니다.

서울도시철도공사가 장애인 편의 시설에 관한 중장기 계획을 검토하고 본격적으로 공사를 시작한 건 2004년부터였습니다. 이 무렵 이 씨는 건축팀의 일원으로 실무 작업에 깊숙이 관여했습니다. 이 씨는 장애인들이 일상생활 속에서 구체적으로 어떤 고통을 겪는지 확인하기 위해 장애인 단체를 직접 방문해서 의견을 들었습니다.

"그분들 말씀을 듣다보니 세상이 온통 비장애인 중심으로 만들어져 있더군요. 주변에 힘들어하는 사람들이 이렇게 많은데 우리는 그동안 뭘 했나 하는 안타까움이 밀려왔어요. 기왕 만들 거 돈이 들고 시간이 걸리더라도 안전하게 해야겠다고 생각했어요."

건축팀은 우선 5호선 여의도역에 모범 사례를 준비했습니다. 시민 단체에서 주장해 온 '아름다운 화장실 만들기' 프로젝트를 연구해 국내 최고 수준의 쾌적한 화장실을 꾸몄습니다. 엄마와 유아의 변기를 별도로 설치해 가족이 함께 이용할 수 있게 하고, 휠체어가 드나들 수 있도록 남녀 장애인 화장실을 넓게 배치했습니다. 무려 2억 원을 들여 완성한 여의도역 화장실은 서울시 우수 사례로 선정되었고, 지금까지도 지하철역 화장실의 벤치마킹 사례가 되고 있습니다.

우여곡절도 많았습니다. 공사 기간 동안 시민들의 민원이 쏟아졌습니다. 주변 건물을 임대해 간이 화장실을 설치했지만, 일부 시민들은 공사 현장에서 욕설을 퍼붓고 다짜고짜 멱살을 잡고 싸움을 걸기도 했다고 합니다. 이 씨는 "솔직히 공사를 안 했으면 좋겠다는 생각까지 들었다"며 당시의 어려웠던 상황을 털어놓았습니다.

2006년과 2007년, 5호선 장한평역과 7호선 마들역의 장애인용 화장실에 대한 진정이 국가인권위에 접수됐습니다. 엘리베이터가 장애인용 화장실과 직접 연결되지 않아 장애인들이 이용하는 데 애를 먹고 있다는 게 진정 요지였습니다. 두 역사의 경우 장애인들은 수동 휠체어 리프트를 이용해 화장실로 들어갔는데, 문제는 장애인들이 수동 휠체어보다 무거운 전동 휠체어를 타고 리프트에 오를 경우 안전사고의 위험성이 있다는 점이었습니다.

건축팀은 곧바로 현장을 조사하고 대책 마련에 들어갔습니다. 그런데 문제가 생겼습니다. 엘리베이터가 지나는 공간에 환기 시설이 있어서 장애인용 화장실과 엘리베이터를 바로 연결할 수 없었던 것입니다. 그래서 고심 끝에 내놓은 방안이 리프트 보강이었습니다. 전동 휠체어도 너끈히 버틸 수 있는 리프트로 교체한 뒤, 벨만 누르면 언제든 직원이 장애인을 도울 수 있도록 조치했습니다. 건축팀은 경찰청과 협의해 장애인들이 외부에서 엘리베이터에 쉽게 접근할 수 있도록 횡단보도도 새로 만들었습니다.

물론 이렇게 해도 장애인들은 불편을 감수해야 합니다. 비장애인들은 엘리베이터로 지하 2층까지 내려가 화장실을 이용하고 바로 그 자리에서 전동차를 탈 수 있습니다. 반면 장애인들은 엘리베이터를 타고 지하 2층에서 내린 뒤 리프트를 이용해 지하 1층에 있는 장애인용 화장실을 이용하고, 다시 리프트를 타고 지하 2층으로 가서 전동차를 타야 합니다.

최선의 방법은 역사를 지을 때부터 장애인 편의 시설을 의무적으로 도입하는 것입니다. 하지만 우리나라엔 장애인 이동권 문제가 거론되지도 않던 시절에 지어진 건물이 거의 대부분입니다. 이런 상황에서 차선책은 기존 건물에 적합한 편의 시설을 적극적으로 설치하는 게 아닐까 합니다. 그런 측면에서 건축팀은 최선을 다했는지도 모릅니다.

이후 도시철도공사는 모든 관할 역사에 장애인 편의 시설을 설치하기 위한 작업에 착수했습니다. 리프트 하나 만드는 데 5~7천만 원이 들어가는 상황에서 148개 역사를 장애인 친화적인 공간으로 바꾼다는 건 놀라운 결단이었습니다. 도시철도공사는 중앙 정부 및 서울시를 설득해 예산을 배정받고 꾸준히 설비를 확충해 2008년 현재 140개 역에 361개의 엘리베이터를 설치했습니다. 또한 건물 구조상 엘리베이터가 들어가기 어려운 92개 역사엔 310개의 리프트를 설치했습니다.

서울 지하철 전역으로 장애인 편의 시설을 넓혀가면서 도시철도공사의 내부 분위기도 달라졌다고 합니다. 공문서와 사업 계획서에서 '승객' 대신 '고객' 개념이 등장했고, 업무의 전 과정에 시민의 편의를 우선 검토하는 풍토가 자리 잡기 시작했습니다. 편의 시설 설치에 소극적인 학교나 병원은 몇 번이고 찾아가 결국 동의를 구했습니다. 1년에 두 번씩 직원들이 지하철 역사를 찾아가 다양한 장애를 체험하는 프로그램이 등장했고, 엘리베이터가 고장났을 경우 인근 지역 장애인들에게 문자 메시지를 보내는 서비스도 선보였습니다.

이용석 씨를 비롯한 건축팀 구성원들의 세심한 배려는 곳곳에 흔적을 남겼습니다. 철로가 곡선인 지역에서 이따금씩 장애인들이 떨어지는 사고가 나자, 건축팀은 긴급 대비책을 구상했습니다. 안내 방송과 스크린도어*만으로 위험을 완전히 없앨 수 없었기 때문에 호주에서 사용되는 이동식 안전 발판**을 도입하기로 했습니다. 이 씨는 장애인들과 함께 직접 전동 휠체어를 타고 이동식 안전 발판의 성능을 실험하기도 했습니다. 수차례의 모의 실험 끝에 장애인들이 고개를 끄떡이자 건축팀은 40여 개를 자체 제작해 곡선 차로가 있는 역사에 보급했습니다.

건축팀은 시각 장애인용 유도 블록에도 관심을 가졌습니다. 유도 블록은 시각 장애인들을 안전하게 인도하기 위해 만든 설치물인데, 공사 기간 동안 건축 자재를 쌓아두거나 블록 자체를 뜯어내 종종 길이 끊기곤 합니다. 이럴 때 시각 장애인은 갑자기 길을 잃고 공포에 떨 수밖에 없습니다. 이런 문제를 막기 위해 건축팀은 공사를 진행할 경우 반드시 우회 유도 블록을 준비하도록 했습니다. 유도 블록이 오래되어 시력이 약한 사람에게는 잘 보이지 않는다는 문제점이 발견됐을 때는 유도 블록의 색깔을 진하게 바

■ 안전선과 철로 사이에 투명하게 만들어 놓은 벽. 승객들이 지하철과 부딪히거나 철로에 추락하지 않게 해주는 일종의 안전 장치.
■■ 지하철과 승강장 사이를 연결하는 발판.

꾸어 불편을 덜어주었습니다.

　많은 공공 기관들이 국가인권위의 권고를 껄끄럽게 여깁니다. 어떤 사람은 인권위 때문에 일하기 힘들다고 푸념도 합니다. 그러나 도시철도공사는 인권위의 권고를 넘어 적극적으로 장애인을 배려하기 위해 노력했습니다. 이런 기관이 많아진다면 우리 사회의 인권 수준도 몰라보게 달라질 것입니다.

　사람의 생각을 바꾸기 위해 건축을 배우고 싶었다는 이 씨. 언젠가 엘리베이터 개통식에 참가한 어느 장애인이 그의 손을 꼭 잡고 이렇게 말했다고 합니다.

　"고마워, 이제 여기 지나갈 때는 역무원이 없어도 되겠네."

　이 씨는 그 순간을 잊지 못합니다.

스트레이트

우리시대의
슬픈 엑스트라

노동에서의 인권찾기

아주머니의 힘은 위대했다

비정규직 청소부 김순자 씨

김순자 씨는 울산 지역의 어느 대학에서 일하는 비정규직 청소부입니다. 얼마 전 복도에 왁스를 칠하다 뒤로 넘어져 수개월째 병원 치료를 받고 있는데 요즘도 목이 돌아가지 않는다며 힘들어합니다. 김 씨가 오랜만에 동료들을 만나러 학교로 찾아간 날, 고된 싸움을 함께했던 아주머니들이 반갑게 맞아주었습니다. 오후 청소를 마친 여덟 명의 비정규직 노동자들이 세 평 남짓한 청소원 휴게실에 둘러앉아 이야기꽃을 피웠습니다.

김 씨는 5년 전 처음 비정규직으로 입사했을 때를 떠올렸습니다. 상여금도 없이 월급 55만 원을 받으면서 생계를 꾸려야 했습니다. 똑같은 일을 하는 정규직이 250만 원이 넘는 월급과 1000 퍼센트의 상여금을 챙기는 걸 보며 한숨만 내쉬었습니다. 비정규직은 정규직보다 한 시간 일찍 출근해 저녁 6시까지 청소는 물론이고 온갖 잡일을 도맡아 했습니다. 정규직이 자유롭게 이용하는 식당 밥도 먹지 못했습니다. 분을 이기지 못한 비정규직이 항의라도 하면 곧장 해고의 위협이 날아왔습니다.

"싫으면 관둬. 일자리 구할 사람은 줄 서 있어."

김 씨는 돈보다도 모욕을 잊지 못합니다. 분명 같은 청소부였지만 정규직과 비정규직은 다른 사람이었습니다.

"명절 때마다 비정규직들이 무보수 당직을 섰습니다. 밥값 아끼려고 도시락을 싸오면 냄새난다고 쫓아내려 했어요. 옷을 갈아입건 말건 아무 때나 문 열고 들어오는가 하면, 식당에서 두 시간 넘게 쫄쫄 굶으면서 기다리게 해놓고 '감사히 먹겠습니다'라고 인사까지 시켰어요. 한마디로 사람대접도 못 받고 산 거죠."

비정규직 아주머니들은 아주 우연한 계기로 노동조합을 만났습니다. 노조는 정규직만 하는 걸로 알았던 사람들이 울산지역연대 노동조합을 통해 비정규직 조합원이 된 것입니다. 관리업체는 곧바로 노조 해산을 종용했지만, 10명의 아주머니들은 그간 힘들게 참아왔던 분노를 한꺼번에 터뜨렸습니다. 그들이 내세운 구호는 "식당 밥을 달라, 출퇴근 시간을 보장하라, 생리 휴가를 보장하라"였습니다. 하지만 관리업체는 아주머니들의 당연한 요구를 수용하지 않았습니다. 이것이 아주머니들을 기나긴 싸움으로 내몬 발단이었습니다.

아주머니들은 무작정 식당에 들어가서 밥을 먹었습니다. 정규직이 먹는 밥인데 비정규직이라고 못 먹을 이유 없다고 주장하자 식당에서도 밥을 주었다고 합니다. 그러나 머지않아 학교 측과 관리업체는 식당 문을 아예 닫아버렸습니다. 비정규직 노조원이 얄밉다고 학생들이 밥 먹는 공간까지 없애버린 꼴입니다. 그래서 아주머니들은 다시 도시락을 싸오게 되었습니다.

출퇴근 보장, 생리 휴가 실시, 휴일 근무 수당 지급 등은 노동법에 명시된 권리임에도 관리업체는 완강히 거부했습니다. 아주머니들은 끈질긴 출근 투쟁을 벌이면서 자체 순번을 정해 휴가를 썼습니다. 정규직 노조원에게는 당연하게 주어지는 권리가 비정규직에게는 싸워야만 겨우 얻어지는 기막힌 모순과 편견 앞에서 아주머니들은 힘겹게 싸워나가고 있었습니다.

노조의 목소리가 갈수록 커지자 관리업체는 조합원 전원 해고라는 초강수를 두었습니다. 이런 사태를 예상하고 있던 아주머니들은 피켓 시위로 맞섰습니다. "소같이 부려먹고 개같이 쫓아낸다"는 구호가 점심시간마다 교정에 울려 퍼졌습니다. 아주머니들은 학장실로 몰려가 신발을 두드리며 "근로기준법을 지켜라"며 소리쳤습니다. 졸업식 때는 이사장과 학부모 앞에서 억울함을 호소하려 했지만 학교 측의 저지로 지하실에 갇히기도 했습니다. 이

과정에서 몸싸움이 벌어져 한 아주머니가 실신하는 사태도 발생했습니다.

"예전에 현대자동차 노동자들이 싸우는 모습을 보면서 참 처절하다는 생각이 들었는데, 어느새 우리가 그 사람들처럼 싸우고 있더군요. 노조 활동을 했다는 이유로 어느 날 갑자기 밥줄이 끊겼는데, 싸우지 않고 무슨 대안이 있겠습니까?"

아주머니들은 휴게 공간으로 쓰던 지하실을 점거하고 복직 투쟁을 시작했습니다. 학교 측은 폭언과 욕설을 퍼부으며 쫓아내려 했지만, 이제 더 잃을 게 없는 아주머니들은 조금도 굴하지 않고 맞섰습니다. 그러나 여든 명이 여덟 명을 끌어내는 건 어렵지 않은 일이었습니다. 아주머니들은 온몸으로 저항했지만, 모두 건물 밖으로 쫓겨났습니다. 추운 겨울날이었습니다. 아주머니들은 쫓겨난 자리에 텐트를 치고 노숙 농성을 시작했습니다. "학교 정문에 구덩이를 파고 우리를 묻을 자신이 있거든 쫓아내라." 김순자 씨가 이 무렵 외친 구호는 아주머니들의 싸움이 얼마나 처절했는지를 상징적으로 보여줍니다. 농성 도중 아주머니들을 가장 힘들게 한 것은 추위나 학교 측의 탄압이 아니었습니다. 같은 편이 될 줄 알았던 사람들이 마음을 더 아프게 했답니다. 아들뻘 되는 학생 600여 명이 똑같은 트레이닝복을 입고 몰려와 압박하기도 했고, 교수 대표단이 농성 철수를 요구하는 문서를 전달하기도 했습니다. 그때마다 아주머니들은 피눈물을 쏟았습니다.

국가인권위에 진정을 낸 것은 이 무렵이었습니다. 국가인권위의 조사가 시작되자 학교 측과 관리업체는 조금씩 태도를 바꾸었습니다. 아주머니들은 더 많은 사람들에게 억울한 사연을 알리기 위해 노력했습니다. 울산 시내를 돌며 거리 방송을 하는가 하면, 대학교 이사장의 서울 사무실을 기습 방문해 시위를 벌이기도 했습니다. 그러자 시민 단체의 지지 성명이 잇따랐고, 철옹성 같아 보이던 학교 측이 조심스럽게 협상을 제안했습니다.

2008년 5월 9일, 아주머니들은 처절한 노숙 농성에 종지부를 찍었습니다. 학교 측은 아주머니들의 고용을 보장하고 노동조합 설립을 인정하며 밀린 임금을 소급해 주겠다는 합의안에 서명했습니다. 아주머니들은 2년간 한 푼도 받지 못했던 초과 근무수당을 받아내면서 감회에 젖었습니다. 한 사람당 350만 원씩 돌아온, 희생의 뒤늦은 대가였습니다. 아주머니들은 기분 좋게 50만 원을 깎아주며 회사 측의 성의에 답했다고 합니다.

"참 행복한 날이었어요. 학교 전역을 무당집처럼 물들였던 리본을 모두 철거하면서 더 열심히 살아야겠다고 다짐했습니다. 기분 좋게 한잔하는데 계속 눈물이 나오더라고요. 우리야 이렇게 이겨서 후련하지만, 전국적으로 또 얼마나 많은 비정규직들이 눈물을 쏟아내고 있을지. 꼭 악을 쓰고 대들어야만 밥그릇을 채울 수 있는 건지. 착잡하고 괴롭습니다."

남편을 잃고 딸과 함께 살아가는 김순자 씨는 이번 싸움을 통해 배운 게 많다고 말합니다. 그는 "비정규직이 계속 나올 수밖에 없는 세상에서 비정규직을 배려하지 않는 건 심각한 폭력"이라며 국가의 적극적인 대책 마련을 주문했습니다.

국가인권위는 2007년 12월 세계인권선언기념일을 맞아 김 씨가 몸담고 있는 울산지역연대노동조합 지부에 대한민국인권상을 수여했습니다. 비정규직 권리 찾기의 모범을 보였고, 나아가 우리 사회 노동 인권 보호에 기여했다는 게 수상 요지입니다. 김 씨는 청소원 대기실 벽에 붙은 표창장을 한참동안 뚫어지게 바라보다가 말했습니다. "우리보다는 우리를 도와준 사람들이 받아야 하는데……"

아닙니다. 김순자 씨, 그리고 김 씨와 함께 일하는 비정규직 노동자들은 그 상을 받을 자격이 있습니다. 아주머니들의 싸움은 수많은 비정규직 노동자들에게 힘을 주었고, 그 힘은 우리 사회에서 비정규직에 대한 차별과 편견을 없애는 에너지가 될 것이기 때문입니다.

비정규직, 우리 시대의 슬픈 엑스트라

비정규직 은행원 권혜영·황인경 씨

같은 일을 하고도 월급을 반밖에 받지 못하는 사람들이 있습니다. 2년 이상 근무하면 정규직으로 전환시켜야 한다는 법률이 오히려 비정규직의 해고를 부추기는 기막힌 현실입니다. 노동조합도 그들을 지켜주지 못하고 복지 혜택도 그림의 떡입니다. 그렇게 차별받고 위기로 내몰리는 사람들이 전체 노동자의 절반을 넘어섰습니다. 비정규직 중에서도 여성들의 실태는 더 열악합니다. 우리 사회가 뭐라 변명하더라도 그들은 분명 '대한민국 2등 국민'으로 살아가고 있습니다.

오전 9시, 황인경(가명)씨가 A은행 인천시 간석동 지점에 도착합니다. 그는 2002년 9월부터 이곳에서 공과금 업무를 처리하고 있습니다. 세상 사람들은 은행에 다닌다고 하면 다들 좋은 직장이라며 부러워합니다. 상대적으로 많은 월급과 다양한 복리 제도가 있기 때문입니다. 하지만 은행에 근무한다고 해서 모두 그런 혜택을 누리는 것은 아닙니다. 황 씨처럼 3개월에 한 번씩 재계약하는 비정규직 노동자에게는 그림의 떡일 뿐입니다. 황 씨는 며칠 뒤면 이곳을 떠나 새로운 직장을 찾아야 합니다.

황 씨에게도 좋은 시절이 있었습니다. 1983년 상고를 졸업하고 13년간 B은행에 다니는 동안 그는 아쉬울 게 없는 직장인이었습니다. 하지만 1990년대 중반 은행권에 구조 조정의 태풍이 불어닥치면서 황 씨도 명예퇴직 대상자가 됐습니다. 황 씨는 B은행을 그만둔 뒤 3년 만에 C은행에 계약직으로 취직했는데, 당시 월급은 B은행을 퇴사할 때의 30퍼센트 수준에 불과했다고 합니다. C은행 시절 황 씨를 더욱 힘들게 만든 것은 돈보다도 재계약에 대한 스트레스였습니다. 정규직보다 많은 실적을 올리고도 6개월마다 가슴을 졸이며 재계약을 하는 것이 너무 괴로워 2년 만에 사표를 썼습니다.

"비정규직 사람들은 재계약할 때마다 심한 모멸감을 느껴요. 은행이 필요해서 사람을 쓰는 건데도, 인사부 사람들은 비정규직들에게 큰 은혜라도 베푸는 것처럼 대합니다. 정규직과 별 차이 없이 일하면서 월급은 3분의 1밖에 못 받는 것도 속상한 일이지만, 왠지 무시당하는 느낌 같은 게 더 견디기 힘들어요. 계약서 문구를 보면 완전히 노비 문서 같다는 생각도 들고요."

　돈보다도 자존심. 이것이 바로 황 씨를 분통 터지게 한 대목입니다. 월급이라고 해봐야 100만 원 남짓(15년 경력 인정), 황 씨는 그것 없어도 먹고사는 데 별 지장이 없다고 말합니다. 그래서 그냥 전업주부로 돌아갈 생각까지 했답니다. 하지만 이대로 포기하면 앞으로의 인생도 계속 그렇게 끌려 다닐 것만 같아서 마음을 바꾸었다고 합니다.

　오후 6시, 황 씨는 지하철 1호선을 탔습니다. 금융노련 사람들을 만나 도움을 청하려 했으나 사무실은 청소를 이유로 일찌감치 셔터를 내렸습니다. 황 씨가 허탈한 심정으로 발길을 돌리는데 휴대 전화가 울렸습니다. A은행 비정규직 입사 동기이자 해고 사태를 맞아 황 씨와 의기투합한 친구 권혜영 씨의 전화였습니다. 권 씨도 금융권 구조 조정이 시작되기 전까지 C은행에서 10여 년간 근무한 바 있습니다.

　황 씨와 권 씨는 종로의 허름한 식당에 자리를 잡았습니다. 권 씨가 먼저 문서 한 장을 내밀었습니다. 공과금 업무를 담당하던 비정규직 노동자 57명을 한꺼번에 해고한 것에 대한 A은행 측의 답변서였습니다. 두 사람은 한 글자씩 읽어 내려가면서 수차례나 "기가 막혀"를 연발했습니다. 은행 측의 주장은 법률적으로 하자가 없는 계약 해지이며, 계약서에 장기 계약 등을 명시한 적이 없다는 것입니다.

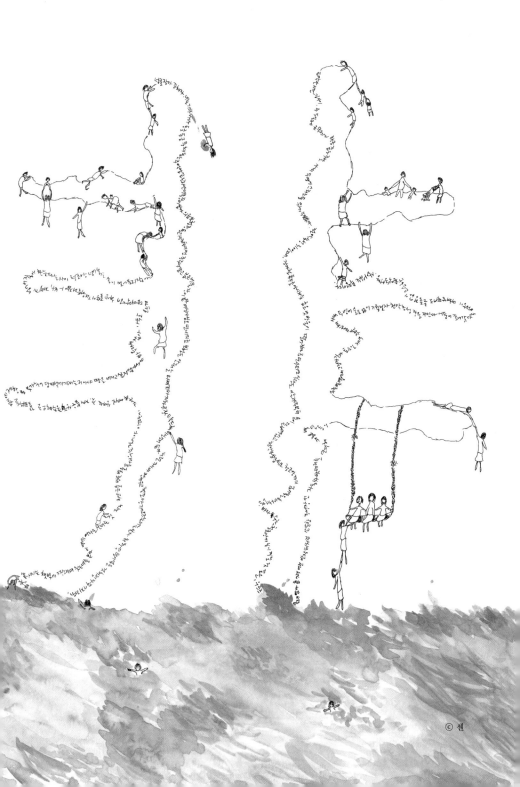

권 씨는 비정규직이야말로 회사와 노동조합 어느 곳으로부터도 보호받지 못하는 집단이라고 말합니다. 회사는 사정이 어려울 때 가장 먼저 비정규직을 정리하고, 노동조합은 정규직 노동자들을 보호하는 데만 급급해 비정규직의 권익을 가볍게 여긴다는 것입니다. 한번은 집회에 참석한 비정규직 노동자들이 유인물을 뿌리려 하는데, 정규직 노동조합 사람들이 적극적으로 제지하는 것을 보고 분노를 넘어 슬픔을 느꼈다고 합니다.

이번엔 황 씨가 맞장구를 칩니다.

"기가 막힌 일이지만 현실에서는 비정규직의 적이 정규직이 돼버렸어요. 금융노련에 비정규직 지부가 생겼는데, 노동조합은 그걸 비정규직들에게 알려주지도 않았습니다. 비정규직들이 한날한시에 똑같이 해고 통지서를 받았는데, 노동조합은 자기 일이 아니라는 태도를 보이고 있어요. 같은 노동자끼리 이렇게 갈라져서 반목하는데 어떻게 그 회사가 잘되겠습니까?"

화제는 자연스럽게 비정규직 노동자에 대한 차별 문제로 이어졌습니다. 그들의 대화 속에는 비정규직들이 발 딛고 살아가는 차가운 현실의 비애가 생생하게 묻어 있었습니다.

권: 경기도의 어느 지점에서 일하던 직원은 완전히 급사 취급을 받았던 모양이에요. 직원들 커피 타주고 잔심부름까지 해주고, 어쩌다 싫은 내색을 하면 '너 나가도 상관없다, 사람은 많

다' 뭐 이런 식으로 나왔나봐요. 나이가 어려서, 여성이기 때문에, 비정규직이라는 이유로, 그런 서러움을 당한 거죠.

황: 처음에 발령받고 사무실에 갔는데 책상이 없는 거예요. 그래서 어떻게 된 거냐고 물었더니 창구 바깥의 청원 경찰이 쓰는 자리에 앉으라는 거예요. 얼마나 화가 났는지 몰라요. 이런 수모를 당하고 여기서 일을 해야 하나, 그런 생각까지 들었어요.

권: 비정규직 한 분이 시간이 날 때마다 옆 동료의 일을 도와주었나 봐요. 그러다가 수표가 없어졌는데, 분위기가 자기를 의심하는 것 같더래요. 결국 그 시선을 견디지 못해 퇴사하고 말았죠. 그분 애기를 듣고 이런 생각이 들었어요. '비정규직은 남을 도와줘도 손해구나.'

황: 은행에서 직원들의 복리를 지원하기 위해 자기 계발 카드라는 걸 만들었어요. 그런데 정규직은 45만 원, 비정규직은 15만 원으로 한도를 정한 거예요. 영어 학원이나 헬스클럽에서 비정규직이라고 해서 50퍼센트 할인해 주는 것도 아닌데, 그런 걸 갖고 마음의 상처를 입혀야만 하는지……

다음날 찾아간 간석동 지점에서 황 씨 말고도 여러 명의 비정규직 텔러*를 만날 수 있었습니다. 의자에 앉아 30여 분 가량 정규

---

* 은행 창구에서 수납 업무 등을 하는 직원.

직과 비정규직의 업무를 비교했습니다. 누가 몇 사람의 업무를 처리하고, 몇 통의 전화를 받으며, 모니터에서 몇 번쯤 얼굴을 돌리는지…… 결과는 별 차이가 없었습니다. 은행에서 정규직과 비정규직의 업무 차이는 거의 없다는 말이 실감나게 다가왔습니다. 하지만 그들은 전혀 다른 대우를 받고 있었습니다.

이날 저녁, 인천 지역 비정규직 후배들이 황 씨를 위해 조촐한 송별식을 마련했습니다. 평소 '왕언니'로 불릴 만큼 서글서글한 그의 성격 때문인지 여러 명이 패밀리 레스토랑에 모였습니다. 황 씨는 후배들에게 덕담을 건넸고, 후배들은 갑작스레 떠나는 언니를 안타까워했습니다. 이 자리에서도 비정규직의 설움이 여과 없이 쏟아져 나왔습니다.

"열심히 하면 인사 고과를 잘 주고 정규직으로 옮겨줄 수 있다는 말까지 해요. 그래서 비정규직들은 불만이 많아도 참는 경우가 많아요. 하지만 실제로 정규직이 되는 경우는 드물어요."

"비정규직에게는 미래가 없어요. 연차가 높아져서 월급이 많아지면 그만큼 잘릴 위험이 높다는 거예요. 필요할 때 싸게 쓰고, 몸값이 올라가면 내버리는……"

후배들의 푸념을 묵묵히 듣고 있던 황 씨가 의미심장한 표정으로 입을 열었습니다.

"너희들은 오래 다녀라. 앞으로 비정규직도 많이 좋아질 거야."

후배들이 자조적으로 '왕언니'의 말을 받습니다.

"언니, 그때쯤이면 우리도 다 잘릴 거야. 솔직히 떠나는 언니가 부럽기도 해. 갈수록 환경이 안 좋아지니까. 언니가 우리보다 조금 먼저 가는 거라고 생각해."

'왕언니'가 다시 말고삐를 잡습니다.

"우리가 싸워서 이겨야 너희도 좋은 거야."

동일 노동, 동일 임금. 똑같은 일을 한 사람에게 동등한 대우를 해줘야 한다는 뜻입니다. 너무나 당연한 얘기가 비정규직들에게는 멀게만 느껴지는 게 우리 사회의 현실입니다.

한바탕 소나기가 지나간 뒤 A은행은 2007년 11월 정규직 노조원들의 양보를 통해 비정규직 직원 3,000여 명을 정규직으로 전환했습니다. 비정규직 보호법이 시행된 지 4개월만의 일이었습니다. 언론은 A은행의 사례를 두고 비정규직 차별을 해소할 수 있는 방안으로 평가하기도 했습니다. 그러나 비록 정규직이 됐더라도 별도의 직군에서 다른 수준의 임금을 받는다면, 그것으로 비정규직 차별이 해소됐다고 말하기는 어려울 것입니다. 이것이 A은행을 떠난 권혜영 씨가 여전히 금융산업노조에서 비정규직의 권익을 지키기 위해 땀을 흘리고 있는 이유이기도 합니다.

운수업, 운수가 좋아야 하는 사업?

개인택시 면허 발급 차별 진정인 김경환 씨

법치주의는 민주주의 사회를 유지하는 기본 원리입니다. 법이 무시된다면 일상의 평화로운 질서는 순식간에 헝클어질 수밖에 없습니다. 하지만 때로는 법이 사회의 순조로운 흐름을 방해하는 경우도 적지 않습니다.

일제 강점기에는 조선인에게만 가혹하게 적용되는 악법들이 존재했습니다. 실례로 조선태형령▪의 경우 같은 행위를 했더라도 조선인들은 훨씬 가혹한 고문에 시달리기도 했습니다. 또한 독재 정권 시절엔 체제에 저항하는 지식인들을 억압하기 위해 수많은

▪ 조선총독부가 1912년 훈령으로 제정 공포. 이것을 근거로 일본인들은 조선 독립 운동가는 물론 일반 형사 사범에게까지 가혹한 태형을 가했다.

법들이 만들어졌습니다. 정부 정책을 비판하면 곧바로 붙잡혀가는 암흑의 시대였습니다. 막걸리보안법**과 긴급조치 등이 대표적인 사례일 듯합니다.

1980년대 이후 민주화가 진행되면서 적지 않은 법들이 시대 상황에 맞게 바뀌었습니다. 민법 개정을 통해 호주제가 폐지된 점이나 군대·경찰·검찰·교도소 등 공권력 집행 기관의 달라진 모습도 좋은 예일 것입니다. 하지만 보통 사람들이 일상생활에서 접하는 민생 관련 법안과 규정은 과거의 관행에서 벗어나지 못한 경우가 많습니다. 세계 10위권의 무역 대국에서 외국인들은 여전히 경제 행위를 하는 데 불편을 감수해야 합니다. 특히 불법 체류 이주 노동자들에 대한 한국 정부의 정책은 국제 사회로부터 끊임없는 비판을 받고 있습니다. 또한 관공서를 드나드는 외국인들의 경우 까다로운 절차와 규정 때문에 하고 싶은 일이 있어도 포기하는 사례가 적지 않다고 합니다. 공무원들이 민원인의 처지에서 한 번만 생각해 보면 쉽게 고쳐질 수 있는 일들이 '규제'와 '관행'의 이름으로 계속해서 불편을 끼치고 있습니다. 진정한 의미의 정부 혁신은 바로 이런 일들을 바로잡는 데서 출발해야 할 것입니다.

경기도 안양시 학의천변 공터를 걷다 보면 좁은 차도에 늘어서 있는 화물 자동차들과 마주치게 됩니다. 이곳에 경기 지역 화물

** 마구잡이로 적용되던 국가보안법을 은유적으로 표현한 용어. 막걸리를 마시면서 이승만 대통령을 비판한 사람이 징역 3년을 살았던 데서 유래한다.

자동차 운전사들의 사랑방인 대한화물자동차운전기사회 사무실이 있습니다. 김경환 씨는 이 단체의 회장으로 화물 운전 경력만도 30년, 전국 구석구석 가보지 않은 곳이 없을 정도입니다. 보통 사람들 같으면 벌써 은퇴했을 나이에도 김 씨는 화물 운전자의 권익과 관련된 활동에 열심입니다. 화물 운전자의 상당수가 어렵게 살고 있기 때문에 조금이라도 도움을 주기 위해서랍니다. 속사정을 들어 보니 그가 걸어온 파란만장한 삶과도 무관하지 않은 듯합니다.

서울 하숙집에서 6·25전쟁을 맞은 김 씨는 인민군에 끌려 북송됐다가 원산 상륙작전 직후 포로로 신분이 바뀌어 거제도 포로수용소에 수용됐고, 뒤늦게 학도병으로 참전하면서 국가 유공자가 되었습니다. 화물 자동차 운전을 배운 것도 그 무렵의 일입니다.

운전을 직업으로 선택한 것은 마흔이 넘어서입니다. 자동차 한 대만 있으면 어디든 자유롭게 다닐 수 있겠다는 생각에서 쌈짓돈 15만 원을 털어 중고 트럭을 산 것이 시작입니다. 그때부터 전국을 누비며 때로는 고향을 떠나는 농민의 설움을 실었고, 때로는 한밤중 도시를 도망치듯 빠져나가는 서민의 애환을 태웠습니다.

예나 지금이나 이삿짐 수송은 영세 화물업자들의 중요한 생계 유지 수단입니다. 하지만 주거 문화가 아파트 중심으로 바뀌면서 대형 포장 이사업체가 개인 화물 운송을 빠르게 잠식했습니다. 김 씨도 어쩌다 한 번씩 일감을 얻을 뿐 공치는 날이 많아졌습니다.

다행히 젊어서 열심히 일한 덕분에 먹고사는 데는 별문제가 없지만, 화물 트럭 하나에 가족의 생계가 걸려 있는 후배들의 현실은 그를 착잡하게 만들었습니다.

'화물 운송과 택시 영업을 겸할 수는 없을까?' 김 씨는 일부 택시 기사들이 개인택시를 처분한 뒤 화물업으로 전직하는 것을 보고, 화물 운전자도 택시 영업을 할 수 있게 되면 조금이나마 숨통이 트일 것 같다는 생각이 들었다고 합니다. 바로 이즈음 김 씨는 택시 운전 자격시험에 합격했고, 그가 살고 있는 경기도 과천시를 비롯해 안양·군포·의왕시에서 개인택시 면허 발급 공고를 냈습니다.

당시 공고 내용에 따르면 면허 발급 1순위 대상자로 각 6호의 기준을 제시했는데, 이 중에는 화물 자동차 사업용 자동차를 16년 이상 무사고로 운전한 사람도 포함되어 있었습니다. 김 씨로서는 기준 경력을 훨씬 넘어선 데다 국가 유공자 신분이기 때문에 은근히 기대를 걸었다고 합니다. 그러나 김 씨는 개인택시 면허를 받지 못했습니다. 김 씨를 더욱 당황스럽게 만든 건 면허를 발급받은 사람 모두가 택시 기사 출신이라는 점이었습니다. 자신과 함께 면허를 신청한 화물 운전자와 버스 운전자 전원이 제외되었다는 사실이 믿기지 않았습니다. 그래서 과천시에 이의 신청을 냈는데 이에 대해 과천시는 '조례에 의한 결정'이라고 답변했습니다.

김 씨는 자신의 생각이 틀리지 않다는 것을 확신하고, 2004년 6

월 국가인권위에 진정서를 제출했습니다. 김 씨는 국가인권위가 2004년 4월 개인택시 면허 발급시 동일 회사 장기 근속자를 우대하는 행위에 대해 차별이라고 결정한 사실을 떠올렸다고 합니다. 또한 김 씨는 운송 수단별로 면허 발급 비율제를 실시하는 지방 자치 단체가 19곳에 달한다는 사실도 확인했다고 합니다.

국가인권위는 2005년 9월 김 씨의 진정 사건에 대해 개인택시 운송 사업 면허시 택시 운전 경력자만이 면허를 받는 것은 평등권 침해의 차별 행위이므로 '개인택시 운송사업 면허사무 처리규정'을 개정할 것을 과천시장을 포함한 6개 지방 자치 단체장에게 권고했습니다. 이에 과천시 등 지방 자치 단체들은 "택시 운행에 정통한 사람을 선정할 필요가 있고, 택시 운전자와 화물 운전자는 운전 시간·환경·강도 등에서 차이가 있으며, 관련법상 면허 기준은 해당 기관의 재량 행위"라는 견해를 밝혔습니다. 하지만 국가인권위는 "택시 운전 경력을 우선시하는 것은 합리적 이유가 있다고 볼 수 있으나, 택시 운전 경력자에게만 면허를 발급하는 것은 차별"이라고 결정했습니다.

택시 운전의 상대적 차별성과 관련해 김 씨도 어느 정도는 현실적 특성을 인정합니다. 하지만 그렇다고 화물 운전자들이 택시 운전을 하는 데 문제가 있다고 보는 시각에는 이의를 제기합니다. 화물 운전자의 상당수가 승용차 운전을 겸하고 있으며, 노동 강도에 있어서도 택시 운전에 비할 바가 아니라는 겁니다.

세상을 향해, 어퍼컷!

"화물 운전자는 전국구이기 때문에 택시 운전자보다 지리를 더 잘 알아요. 택시는 3부제 같은 걸 하면서 쉬어갈 수 있지만, 화물은 그런 게 없어요. 과로 운전, 졸음 운전이 문제가 되는 것도 노동 강도가 세기 때문이죠. 택시 몰다가 화물로 옮겨온 사람들은 화물차 운전이 얼마나 어려운 일인지 잘 알 겁니다."

국가인권위 결정을 듣고 속이 확 트였다는 김 씨. 그는 앞으로도 후배들의 권익을 위해 노력할 것이라고 말합니다. 그는 오래전 화물 자동차 사업장 소재지와 사업주의 실거주지가 일치하지 않는 문제에 대해 건설교통부를 상대로 수차례 의견을 물어 전향적인 유권 해석을 받아낸 바 있고, 최근엔 6인승 밴 승용차의 영업 행위를 제한하는 화물법 개정안에 대한 진정서를 들고 관계 부처를 돌아다니고 있습니다. 바쁘게 살다 보니 나이도 잊는 모양입니다. 두 시간 넘게 이어진 인터뷰 내내 그는 활기를 잃지 않았습니다. 다만 후배들을 걱정하는 대목에서만 어두운 낯빛이 드러났습니다.

"운수업이 왜 운수업이냐? 운수가 좋아야 하는 사업이다 이 말입니다. 택시야 손님이 내릴 때 돈을 주지만, 화물은 사방에 외상을 깔아놓고 살아요. 개인 화물업자는 갈수록 힘든 구조입니다. 먹고살기 힘든 사람들에게 길을 열어주지는 못할망정 오히려 문턱을 높여서야 되겠습니까?"

70대 중반의 나이에도 불의에 목소리를 높이는 그의 모습이 정

열적이면서도 힘있게 느껴졌습니다. 어떠한 악조건에서도 자신의 권리를 찾으려는 당당함이 조금씩 우리 사회를 변화시키는 원동력이 되고 있음을 실감할 수 있었습니다.

우울하게 퇴색한 코리안 드림

이주 노동자들의 영원한 친구 이금련 씨

　　　　　이금련 씨가 걸어온 세월은 한
편의 소설처럼 드라마틱합니다. 강원도 홍천에서 태어난 이 씨는
홍천여고에 수석 입학한 수재였습니다. 하지만 가난한 집안 형편
과 어머니의 수술은 그를 휴학으로 몰고 갔습니다. 서울에 가면
취직도 시켜주고 공부도 할 수 있다는 말을 듣고 기차에 몸을 싣
던 날, 이 씨의 아버지는 플라스틱 통에 쌀을 담아 주었다고 합니
다. "남의 집에 가서 공짜 밥을 먹으면 안 된다"는 당부와 함께.

　이 씨의 서울살이는 1970년대 노동자의 모습 그대로였습니다.
처음 들어간 신당동 마치코바˙에서 일할 때는 일감이 너무 많아
일주일 동안 머리 감을 시간이 없었고, 골프 장갑 공장에서는 수

출 물량을 맞추기 위해 36시간을 쉬지 않고 혹사당한 적도 있었습니다. 1만 7천 원, 이 씨가 그 무렵 한 달 동안 휴일도 없이 일하면서 받은 월급입니다. 터무니없이 적은 돈이지만 이 씨는 그 돈을 쓸 시간조차 없었습니다. 전자 부품 회사에서 아무 생각도 없이 종일 조립만 하면서 보내던 시절, 이 씨는 귀가 번쩍 뜨이는 얘기를 들었습니다. 안양에 있는 근로자회관에 가면 일하면서 공부할 수 있다는 소문이었습니다. 경기도 안양시 '전진상복지관'과의 기나긴 인연은 그렇게 시작되었습니다.

1982년 전두환 정권은 통행금지**를 해제했습니다. 이것은 일종의 자유화 조치로 국민의 환영을 받았지만 전쟁 같은 노동을 강행하고 있던 근로자들에게는 또 다른 고통이었습니다. 통행금지 이전에는 밤 10시 이전에 대부분 퇴근했지만, 통행금지가 풀리면서 야근과 철야가 크게 늘어난 것입니다. 그런 와중에도 지독하게 공부에 매달린 이 씨는 방송통신고등학교를 졸업한 뒤 세종대학교 영문과에 입학했습니다. 하지만 나라 전체가 민주화 열기에 휩싸인 상황에서, 더구나 학원 비리까지 터져 나온 대학에서 그는 책보다는 세상과 싸워야 했습니다. 노동자들이 본격적으로 투쟁의 전면에 나섰던 1980년대 후반, 이 씨는 복지관 활동가로 일하

■ 본래는 금형 제조업체라는 의미인데, 도시 변두리의 작은 공장을 말하기도 한다.
■■ 1945년 미 군정의 '군정포고 1호'가 그 기원. 밤부터 새벽까지 외부 통행이 금지되었다. 신체의 자유를 과도하게 제한한다는 비판에 따라 37년 만인 1982년 1월 5일 폐지되었다.

면서 다른 고민에 빠져 있었다고 합니다. 88서울올림픽 이후 유흥 산업이 발달하면서, 무작정 상경한 청소년들의 탈선이 빠르게 진행되고 있었던 것입니다. 그래서 이 씨는 낮엔 공장에 다니고 밤엔 다방에 나가는 아이들을 다잡기 위해 바쁘게 뛰었습니다. 쉽게 돈을 벌겠다고 불법 피라미드 사업에 빠져드는 청소년들을 붙잡기 위해 울면서 매달리기도 했습니다. 날이면 날마다 몸살을 앓으면서도 그는 소외된 이웃의 친구로 꿋꿋이 버텼습니다.

이 씨는 1987년 어느 토론회에서 외국인 노동자 문제를 처음 접했다고 합니다. 한국 청소년들이 유흥가로 빠져나간 자리를 외국인들이 대체하고 있으며, 그들이 산업 재해, 임금 체불, 상습 폭행에 시달리고 있다는 사실도 그때 알게 됐습니다. 이 씨는 외국인 노동자들을 직접 상담하면서 차츰 문제의 본질에 다가설 수 있었습니다.

"외국인들이 일하는 공장을 찾아다니면서 '세상은 정말 변하지 않는구나' 하는 걸 뼈저리게 느꼈어요. 코를 찌르는 약품 냄새, 프레스에 잘린 손가락, 불법 체류자라고 월급도 주지 않고 내쫓는 기업주…… 우리가 이렇게 해도 되는 건가 싶어서 이를 악물고 싸웠어요."

이 씨의 열정적인 활동은 때로 엉뚱한 벽에 부딪히기도 했습니다. "아가씨는 애국할 줄 몰라요? 외국인만 그렇게 생각해 주면 우리나라는 어떻게 되는 거야? 당신 생각이 있어, 없어?"라고 따지는 근로 감독관이 있는가 하면, "왜 외국인만 편드느냐? 회사 문 닫으면 책임질 거냐? 외국인 때문에 우리도 죽겠다"고 항의하는 한국 노동자들도 있었습니다. 이 씨는 같은 노동자이면서 국적에 따라 이해가 엇갈리는 현상을 목격하면서 '이주 노동자'라는 개념을 떠올렸다 합니다.

"외국인이라는 말은 이미 그들을 대상화하고 차별하는 겁니다. 국적이나 지역, 업종이 달라도 노동자는 노동자예요. 외국에서 한국으로 오는 것과 시골에서 서울로 오는 것은 크게 볼 때 다를 게 없다는 생각입니다. 하지만 우리가 농촌 사람들을 '외국인'처럼 보지는 않잖아요. 외국인 노동자 문제도 그렇게 우리 사회의 틀 안에 놓고 풀어가야만 해답이 나옵니다. 그들은 이미 한국 사회의 당당한 구성원이거든요."

이 씨는 1997년 전진상복지관 내에 외국인 노동자 상담소를 정식으로 만들고, 성남·광명·안산 등지의 지역 단체와 연대해 '외국인노동자대책협의회'를 구성했습니다. 그러자 전진상복지관은 이 씨를 찾아오는 노동자들로 발 디딜 틈이 없었습니다. IMF 외환 위기 직후엔 복지관 1층이 모두 외국인 노동자들의 쉼터로 쓰일 정도였습니다. 이 씨는 시간이 갈수록 문제를 근본적으로 해결하기 위해서는 일시적 구호 사업보다 정책의 변화가 필요하다고 생각했습니다. 그가 정부의 이주 노동자 정책에 대해 적극적으로 비판하기 시작한 것도 이 무렵입니다. 문제가 터져야만 겨우 땜질 처방을 내놓는 방식으로는 이주 노동자들의 인권 유린을 방어할 수 없다는 게 그의 지론입니다.

"이주 노동자는 이미 한국 경제의 한 축을 담당하고 있어요. 그렇다면 그들에게 기본적 권리를 인정하는 게 당연하잖아요. 우리가 필요해서 불러들였으면, 그들이 당당하게 목소리를 낼 수 있도록 해줘야죠. 지금은 실컷 이용해 먹고 불법 체류자로 내쫓는 식입니다. 이건 아주 파렴치한 국가적 테러라고 생각해요."

이 씨는 이주 노동자의 실태를 파악하는 과정에서 여성 노동자들에 대해 각별한 관심을 갖게 됩니다. 한국 사회와 마찬가지로 이주 노동자들 사이에서도 여성은 이중적 차별에 시달리고 있기 때문입니다. 실제로 여성 노동자들을 감시하면서 놀고먹는 사람들이 있는가 하면, 성희롱과 성폭행 사건도 잇따라 발생했습니다. 이 씨가 '국제결혼가정문제 대책기구'를 만들고, 뒤이어 이주여성인권연대를 출범시킨 것도 그런 이유입니다.

"한국 남자와 여성 외국인 노동자가 결혼해서 낳은 혼혈아는 법적으로 어머니가 없습니다. 여성 외국인 노동자는 임신을 해도 마음대로 병원에 갈 수가 없어요. 또 가정부나 식당 종업원으로 취업한 여성들은 폭행과 성추행의 위험 지대에 놓여 있습니다. 그런데도 이들은 법의 보호를 받지 못하고, 어디 가서 억울한 사정을 호소할 수도 없어요. 거시적인 노동 운동만으로는 이런 모순을 풀기가 어렵다고 봐요. 그래서 앞으로는 여성 단체와 연계해서 가족 해체나 성폭력 문제에 접근할 생각입니다."

이 씨의 말처럼 여성 외국인 노동자들은 인권의 사각 지대에 놓여 있습니다. 언젠가 한국인 애인에게 맞아 죽은 베트남 여성 노동자의 장례식이 있었는데, 이 자리에 참석한 베트남 노동자들은 "때리지 마세요. 남자가 여자를 왜 때려요?"라는 문장이 들어 있는 한국어 교재를 갖고 있었다고 합니다. 오죽 했으면 한국말 공부를 그런 식으로 시작했을까요.

우리 사회에는 신자유주의적 논리로 외국인 노동자 문제에 접근하는 사람들도 적지 않습니다. 한국의 중소기업이 경쟁력을 갖추기 위해서는 어쩔 수 없이 저임금 노동자가 필요하고, 이주 노동자의 희생은 어느 정도 불가피하다는 것입니다. 하지만 이 씨는 이러한 주장에 강하게 반발합니다. 1970년대부터 한국의 기업들은 항상 어렵다고 말하면서도 이윤을 추구해 왔다는 반론입니다.

이 씨가 궁극적으로 꿈꾸는 것은 '가난한 자의 행복'입니다. 이 씨는 특히 물질적으로 부족해도 정신적으로 풍요로운 네팔인들의 삶에서 그 모델을 찾고 있습니다.

"네팔인들은 하루 두 끼만 먹고, 일하는 시간을 줄여 히말라야를 바라보며 명상을 즐깁니다. 그런 사람들이 지금 한국 땅에 와서 온갖 수모를 당하고 있는 거죠. 우리는 그들이 힘들어한 만큼 보상할 때가 됐어요. 그러고 나서 그들과 교류하면서 정신적 풍요로움을 되찾아야죠."

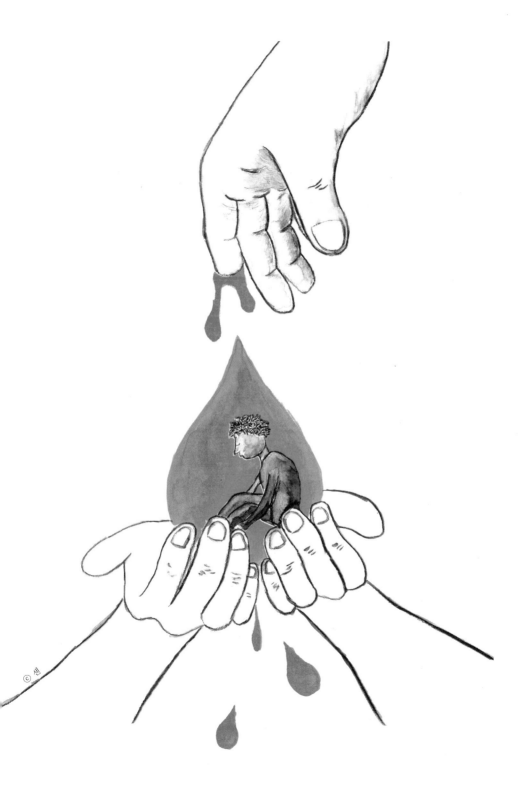

언뜻 들으면 철학적인 얘기 같지만 속뜻은 간단합니다. "많이 번 사람들이 넉넉하게 베풀면서 살자"는 겁니다.

이금련 씨의 열정과 꿈이 담긴 전진상복지관은 2007년 말 교계의 결정으로 잠시 문을 닫기도 했습니다. 경기 지역 빈곤층과 이주민들에게 마음의 고향과도 같았던 전진상복지관이 사라진다는 소식이 전해지자 많은 사람들이 아쉬움을 표하고 반대 시위를 벌이기도 했습니다. 이주 노동자들의 현실도 이 씨의 생각과는 반대로 더욱 열악해지고 있습니다. 2007년엔 여수 외국인보호소에서 믿기지 않는 대형 화재사건이 발생해 10명이 목숨을 잃고 17명이 부상을 당했습니다. 또한 2008년 5월에는 국가인권위의 긴급 구제 요청이 있었음에도 법무부가 한밤중에 비행기로 이주 노동자를 강제 추방한 일까지 발생했습니다. 국제사회에서 한국의 인권 문제가 논의될 때마다 이주 노동자 인권 상황에 대한 비판은 빠지지 않고 등장합니다. 반기문 유엔 사무총장도 취임 후 처음 한국을 방문한 자리에서 이주 노동자의 인권과 복지에 더욱 관심을 쏟아야 한다고 당부했습니다.

이주 노동자들이 부대끼고 있는 현실이 더욱 퍽퍽해지고 있지만 이 씨는 묵묵히 자신이 선택한 길을 걸어갑니다. 그는 요즘도 한국과 네팔을 오가며 이주 노동자들의 듬직한 벗으로 살아가고 있습니다.

이별이 너무 길다, 슬픔이 너무 길다

중국 동포 아내를 기다리는 김동영 씨

김동영 씨는 2002년 9월 혼인 신고를 위해 중국으로 출국한 아내 오 씨를 1년 넘게 기다렸습니다. 두 사람은 2002년 중국과 한국에서 혼인 신고까지 마쳤지만, 서울출입국관리소는 오 씨가 과거 불법 체류자였다는 이유로 '5년간 입국 금지' 조치를 내렸습니다. 그런 그에게 2003년 9월 희소식이 하나 날아들었습니다. 김 씨가 2003년 4월 진정한 사건에 대해, 국가인권위가 법무부 장관에게 입국 금지 해제를 권고한 것입니다.

서울시 관악구 봉천동 고갯마루에서 허름한 담벼락 샛길로 5분쯤 걸어 들어가자 김 씨의 집이 나타났습니다. 굳이 질문을 던지지 않더라도 아내에 대한 김 씨의 마음이 방안 곳곳에 묻어 있음을 알 수 있었습니다. 동물을 유난히 좋아한다는 아내가 붙여둔 강아지 사진들이 벽면에 빼곡히 붙어 있고, 텔레비전 위엔 1년 전 생일 선물로 아내에게 주었다는 장미 꽃다발과 다정스러운 강아지 인형 두 마리가 나란히 놓여 있었습니다.

"한 달 수입이 150만 원 정도인데, 전화비로 50만 원쯤 써요. 마냥 보고 싶고 무슨 일이 생기지 않을까 걱정스럽고 그래요. 수화기 들고 울다가 그냥 통화를 끝낸 적도 많아요."

김 씨는 인테리어 사무실에서 일하던 2001년 여름 아내를 처음 만났습니다. 당시 아내는 친척이 운영하던 사업을 돕기 위해 한국에 들어왔다가 비자 기한이 지나 불법 체류자 신분으로 식당에서 일하고 있었습니다. 김 씨는 식당을 오가며 아내와 자주 마주쳤고, 두 사람은 자연스럽게 교제를 시작했습니다. 많은 중국 동포들이 불이익을 당하지 않기 위해 출생지를 숨기듯이 이 무렵 아내도 김 씨에게 자신의 고향을 강원도 양양이라고 소개했다고 합니다.

"저한테야 국적이 무슨 문제가 되겠습니까? 사랑하면 그만이죠. 하지만 우리 부모님만 해도 며느리가 중국 동포라는 사실을 알고 큰 충격을 받으신 것 같아요."

두 사람은 2001년 11월부터 함께 살기 시작했습니다. 김 씨는 아내가 혹시라도 불법 체류자 단속에 걸려 중국으로 추방당할까 걱정스러워 식당 일도 그만두게 했습니다. 실제로 아내는 경찰의 불심 검문에 걸려 아슬아슬한 위기를 맞기도 했다고 합니다.

2002년 이후 불법 체류자에 대한 정부 당국의 단속 방침은 더욱 엄격해졌고, 김 씨는 마침내 합법적인 결혼을 준비했습니다.

문제는 자진 신고를 하지 않았다는 데서 발생했습니다. 아내는 머지않아 출국할 생각이었기 때문에 굳이 자진 신고할 필요가 없다고 판단하고 혼인 신고 서류를 챙기는 데만 신경을 썼는데, 이 것이 두 사람의 삶에 엄청난 걸림돌이 되고 만 것입니다.(2003년 6월 7일 법무부가 국가인권위에 회신한 공문에는 "만일 오 씨가 자진 신고를 했더라면 입국 규제가 유예돼 사증을 취득, 입국이 가능했다"고 명시되어 있습니다.)

"미리 자진 신고를 하지 않은 게 저의 불찰이었다는 점을 인정합니다. 하지만 그렇다고 해서 법이 정당했다고 보지는 않습니다. 결혼해서 사는 게 확실하다면, 법 이전에 사람을 생각해야 하지 않겠습니까?"

지금은 법이 바뀌었지만 2002년만 해도 중국에서 먼저 혼인 신고를 한 뒤 다시 한국에서 혼인 신고를 해야 했습니다. 이 과정에 수십 건의 서류가 양국을 오가야 하는데, 그 기간만도 6개월이나 걸린다고 합니다. 김 씨는 조금이라도 빨리 합법적인 부부가 되기 위해 부지런히 뛰어다녔고, 그 결과 남들보다 2개월 빨리 수속을 마칠 수 있었습니다. 아내도 문제의 소지를 없애기 위해 출국하기 전에 불법 체류자 자진 신고를 하고 범칙금 150만 원까지 납부했습니다. 김 씨는 이러한 조치와 무관하게 서울출입국관리소 측이 아내에게 5년간의 입국 금지 조치를 내렸다는 사실을 2003년 2월에야 확인할 수 있었습니다.

아내와 함께 처음 찾아간 중국 랴오닝성 푸순시 처가에서 보낸 달콤했던 4박 5일을 뒤로하고 김 씨는 한국으로 돌아왔습니다. 이때부터 김 씨의 기나긴 싸움이 시작됐습니다. 중국에서 보낸 서류가 한국에서 사라지는가 하면, 중국 영사부가 법무부에 신원 조회를 요청하는 바람에 서울출입국관리사무소로부터 '위장 결혼' 여부를 조사받기도 했습니다. 이 무렵 당국의 한 관계자가 김 씨를 동정하며 건넨 '충고'는 한 편의 코미디에 가깝습니다.

"내가 보기엔 어려울 것 같다. 이건 법무부 장관이 아니면 해결할 수 없다. 돈으로도 안 된다. 혹시 아내가 임신을 하면 인도적 차원에서 해결될지도 모르겠다. 한번 노력해 봐라."

김 씨는 그때의 일을 떠올리면 "어처구니가 없다"고 합니다. 정말 들어올 수만 있다면 중국으로 건너가서 아이라도 만들고 싶었지만, 또 한 번 '바보'가 될지도 모른다는 생각에 순간적인 망상을 접었다고 합니다. 그리고는 좀더 적극적인 대응 방법을 고심했습니다. 국가인권위에 찾아간 것도 그 무렵이었습니다.

김 씨가 국가인권위에 정식으로 진정서를 접수하기 직전, 법무부의 한 관계자는 김 씨에게 새로운 해결책을 제시했다고 합니다.

"결혼 생활이 1년 이상 지나서 탄원서를 제출하면 재심사 과정에서 인도적으로 배려하는 경우가 있다. 2002년 10월쯤 다시 접수하는 게 좋겠다."

그러나 김 씨는 1년씩이나 아내를 중국에 내버려둘 수 없다고 생각했습니다. 그래서 국가인권위에 진정서를 제출했습니다.

"인권위의 결정을 전화로 아내에게 알려주었더니, '금방 들어갈 수 있는 거냐?'며 막 울더라고요. 힘들었던 1년이지만, 이제 조금씩 끝이 보이는 것 같아요."

인터뷰 도중 김 씨의 휴대 전화가 울렸습니다. 아내의 콜렉트콜이었습니다. 짧은 통화였지만 두 사람의 애정을 느끼기에는 충분했습니다. 김 씨는 아내의 감기를 걱정했고, 아내는 김 씨가 저녁 식사를 거르는 것을 염려했습니다. 김 씨는 인터뷰를 이유로 전화를 서둘러 끊고는 아내의 주문대로 저녁 식사를 챙겨먹기 위해 신림동 먹자골목으로 장소를 옮겼습니다.

김 씨는 아내에 대한 미안한 마음도 내비쳤습니다. 아내는 입국 서류 문제로 1년 동안 아무 일도 못하고 전화기 옆에 붙어서 지냈다고 합니다. 중국 영사부가 제때 전화를 받지 않는 비자 신청자를 종종 기각시켜 버린다는 소문 때문이었습니다. 김 씨는 인터넷 카페에서 회원들과 나눈 대화들을 소개하며, 중국 주재 영사부가 외국인들을 국적에 따라 차별하고 있다고 비판했습니다.

"만일 아내가 미국인이나 일본인이었다면 이렇게 대했을까요? 돈이 좀 없다고 해서 이렇게 함부로 해도 되는 건가요? 얼마 전에는 비자를 두 번 기각당한 할머니가 세 번 만에 비자를 받고 직원들에게 큰절을 올렸다고 합니다. 할머니가 자식을 보러 들어오겠다는데, 그렇게 대해서야 되겠습니까?"

김 씨는 뒤늦게 중국어를 배우느라 바쁩니다. 아내가 한국말을 잘하지만, 아내를 깊이 이해하기 위해서는 중국 문화를 알아야겠다는 생각에서입니다. 아내가 돌아오면 무엇을 가장 하고 싶은지 묻자 김씨는 "무교동 낙지를 사주고 싶다"고 합니다. 아내가 매운 음식을 좋아하기 때문이랍니다.

김 씨의 바람대로 2003년 아내는 귀국했고, 두 사람은 얼마 후 결혼식을 올렸습니다. 두 사람은 인권위를 찾아와 고마움을 표하고 인권위원장에게 주례를 부탁했지만, 아쉽게도 촉박한 일정 때문에 인권위원장의 주례는 성사되지 않았습니다.

송해성 감독의 〈파이란〉이라는 영화가 있습니다. 한 번도 만나보지 못한 중국 여성과의 사랑 이야기가 눈시울을 뜨겁게 하는 영화입니다. 〈파이란〉은 슬픈 이별로 막을 내렸지만, 김 씨와 오 씨의 국경을 넘은 러브 스토리는 해피엔딩입니다. 오랜 기다림 끝에 행복을 되찾은 두 사람에게 축하의 박수를 보냅니다.

스매쉬

2년여의 비밀, 그 끝나지 않은 전투

군대에서의 권리찾기

밥을 지으면 암이 생긴다?

군대에서 얻은 질병 진정인 김병훈 씨

병원 한 번 가본 적 없는 젊은이 가 군복무를 마치고 병을 얻었습니다. 다른 병도 아니고 암입니다. 그 병사는 군복무 내내 농약을 뿌렸습니다. 그런데 군대에서는 그가 '취사병'이었다고 답했습니다. 밥을 지으면 암이 생기는 걸까요? 군대에서는 이런 일도 벌어지는 모양입니다.

"까라면 까라." 군대만큼 이 말이 잘 통하는 곳도 없을 듯합니다. 조직의 효율성 앞에 개인의 자율성은 무기력할 뿐입니다. 어쩌다 누군가 나타나 "왜 까야 돼?"라고 돌발적인 질문을 던진다면 그 순간 그는 혹독한 시험에 들거나 왕따가 되기 십상입니다. 그렇게 획일성으로 무장하고 과거의 악습을 지속적으로 대물림하는 사이 수많은 젊은이들이 중병을 얻었습니다. 한국 사회에서 권위주의와 폭력 문화의 온상으로 군대를 지목하는 속사정도 여기에 있습니다.

김병훈 씨에게 군대는 떠올리고 싶지 않은 악몽이나 다름없습니다. 만 18세 법대생은 군대를 다녀온 뒤 처참하게 무너졌습니다. 전쟁에 참전한 것도 아니고 훈련 도중 부상을 입은 것도 아닙니다. 전공과는 무관하게 공군 취사병이 되었다가 병과에도 없는 '농약 살포병'으로 군복무를 한 후유증 때문입니다. 제대 2년쯤 뒤 김 씨가 받아든 병명은 림프종 암. 아슬아슬한 고비를 넘겼지만 아직도 그는 불안한 나날을 보내고 있습니다. 누가 이 젊은이의 청춘을 보상할 수 있을까요?

김 씨는 1999년 11월 입대해 공군 사령부 취사병으로 배치되었습니다. 그가 특별히 음식이나 요리에 관심이 있었던 것은 아니지만, 통상 군대에서 취사병은 개인적인 경험을 고려하지 않고 선발합니다. 그러던 어느 날 내무반에서 취사장으로 내려갈 날을 기다리던 김 씨에게 마음씨 좋아 보이는 선임병이 다가왔습니다. 그는 이른바 유실수반 소속으로 군부대 과수원에서 일하는 병사였는데, 뜻밖에도 김 씨에게 함께 일해보지 않겠냐고 제안했습니다. 군대라는 낯선 조직에 불안해하던 김 씨는 야외에서 일한다는 매력, 그리고 선임병의 마음 씀씀이에 끌려 고개를 끄덕였습니다.

그러나 김 씨가 직접 부딪친 과수원 작업은 고통의 연속이었습니다. 태어나서 한 번도 농사일을 해본 적이 없는 그였기에 어려움은 더 컸습니다. 설상가상으로 농사일 중에서도 고단하기로 소문난 농약 살포가 유실수반 병사들에게 맡겨진 주업무였습니다.

일반적으로 과수원에 농약을 살포할 때는 여러 가지를 고려합니다. 약 뿌리는 게 워낙 고된 일인지라 무더운 한낮을 피하고, 약에 그대로 노출될 경우 위험할 수 있기 때문에 바람을 등진 채 안전 장비를 갖추고 사다리 위에서 살포해야 합니다. 하지만 군부대에서는 달랐습니다. 병사들은 한마디로 까라면 까라는 대로 했습니다. 최소한의 장비인 방제 마스크조차 착용하지 못하고 종일 일하기도 했습니다. 사다리도 없이 나무 위쪽을 향해 약을 뿌리다보니 소나기를 맞는 것처럼 온몸에 농약을 뒤집어써야 했습니다. 작업이 끝나고 옷을 짜면 농약물이 줄줄 흘렀다는 게 김 씨의 증언입니다.

"다들 그렇게 하는 상황에서 졸병이 뭐라고 참견할 수 없었어요. 일을 마치고 비누로 씻기라도 했으면 좋으련만 샤워장도 없었어요. 그냥 수돗물로 씻어내고 쉬는 게 전부였어요."

과수원에 뿌릴 농약을 만드는 일까지 합해 김 씨는 1년에 40일 가까이 농약을 만졌다고 합니다. 특히 농약을 제조할 때는 황약과 석회를 섞어서 불을 피웠는데 이 냄새가 아주 고약해 아무리 몸을 씻어내도 농약 냄새가 사라지지 않았습니다. 그렇게 마구잡이로 일하면서 농약에 노출된 몸이 어떻게 온전할 수 있었겠습니까?

김 씨는 얼마 지나지 않아 알레르기성 피부병과 두드러기에 시달렸고, 농약 냄새만 맡아도 얼굴이 빨개지는 증상이 나타났습니다. 하지만 김 씨는 어디에도 하소연하지 못했습니다. 왜 그랬을까요? 그곳은 까라면 까야 하는 군대였기 때문입니다.

가을이 되면 병사들이 몸 바쳐 키운 과수원에서 배와 감이 주렁주렁 열렸습니다. 병사들은 과일을 수확해 상자에 차곡차곡 담았습니다. 그 중 일부는 시중에 팔거나 선물용으로 배달됐고, 일부는 장교나 하사관들이 시중보다 싼 값에 사갔습니다. 물론 병사들에게 돌아온 선물도 있었습니다. 고생했으니 좀 쉬라고 주는 일주일 남짓 되는 특별 휴가가 그것이었습니다.

국방 의무에 종사해야 할 병사를 마구잡이로 뽑아내 주특기와 무관한 과수원 작업에 투입한 일, 과수원에서 생산한 과일을 시중에 판매하고 군인들이 싸게 구입한 일, 이 모두가 원칙에 어긋납니다. 해당 부대가 이런 편법을 1998년부터 써왔음에도 누구 하나 '노우No'라고 말하지 못했습니다. 일부 군부대 고위 간부들이 병사들을 임의로 개인적인 용무에 투입하는 관행도 이와 무관하지 않을 것입니다.

대개 군인들이 그렇듯이 고참이 되면 자기도 모르게 권위주의의 유혹에 빠집니다. 귀찮은 일들은 후임병에게 미루고 자신은 위계질서가 만들어준 여유를 즐기는 것입니다. 김 씨도 이를 부인하지 않습니다. 그도 자신을 설득했던 선임병처럼 내무반에서 대기

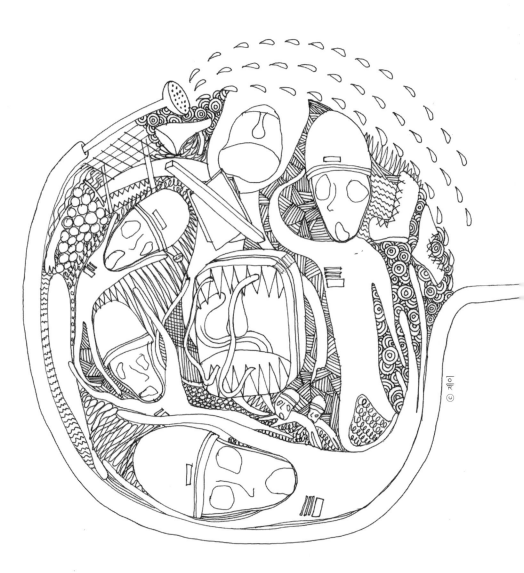

중인 신임병에게 다가가 "가을에 수확 끝내면 휴가도 보내준다"는 등의 말로 꼬드겼다고 합니다. 다만 자신은 졸병 시절 겪었던 일을 떠올리며 후임병들이 자유롭게 세제와 비누를 구입해서 쓸 수 있도록 허용했다고 합니다. 하지만 가장 중요한 안전 도구에 대해서는 아무런 조치도 취하지 못했다고 고백합니다.

김 씨는 26개월간 복무한 뒤 2002년 5월 제대했습니다. 그리고 대학에 복학해 군부대 일을 조금씩 기억에서 지워나갔습니다. 하지만 2년이 지나 졸업반이 되자 몸에 심상치 않은 증상이 나타났습니다. 처음에는 양팔에 마비 증세가 나타나더니 기침, 호흡 곤란, 가슴 통증이 연이어 찾아왔습니다. 뭔가 몸에 이상이 있다 싶어 병원으로 달려가 CT 촬영을 했더니 가슴에서 거대한 림프종이 발견됐습니다. 의사의 권유로 급히 부산에서 서울로 올라온 김 씨는 긴급히 약물을 투여해 위험한 순간을 가까스로 벗어났으나 20여 일간 입원해야 했습니다.

지속적인 치료 덕분에 17센티미터에 달하던 림프종 크기가 줄어들긴 했지만 김 씨는 그동안 6회의 항암 치료와 22회의 방사선 치료를 받았습니다. 자신이 림프종 암 환자라는 사실을 알고 우울증까지 생겨 정신과 치료도 병행해야 했습니다. 이렇게 되다보니 공부도 생활도 제대로 되지 않았습니다. 교수님 도움으로 대학을 졸업하긴 했지만, 림프종 암의 경우 재발률이 높기 때문에 모든 면에서 움츠러들 수밖에 없었다고 합니다. 첫 직장을 한 달 만에 그만두고, 두 번째 직장에서도 오래 버티지 못하고 나온 것도 그 때문이었습니다.

"조금만 피곤해도 두려워집니다. 이러다 암이 재발하는 게 아닐까 불안하고, 그러다 보면 일이 손에 잡히지 않고, 정말 미칠 것 같더라고요. 남들한테 속 시원하게 애기라도 할 수 있으면 좋으련만, 내가 암 환자라는 사실을 알린다는 게 정말 어려웠습니다."

김 씨는 몇 차례 시련을 겪은 뒤 차분히 자신을 되돌아보았습니다. 이대로 꺾이는 건 참을 수 없는 고통이었습니다. 법대생답게 먼저 구제 절차를 살폈고 국가보훈처에 유공자 등록 신청을 하기 위해 자신이 복무했던 군부대에 농약 살포병으로 일했다는 걸 확인해 달라고 요청했습니다. 하지만 부대에서는 인사 기록 등을 근거로 취사병으로 복무했다는 사실만 통보했습니다.

이에 김 씨는 함께 근무했던 동료들을 찾아다니며 도움을 요청하는 한편, 좀더 정확한 사실 확인을 위해 2007년 3월 국가인권위에 진정서를 냈습니다. 앞으로 벌어질지 모르는 소송에 대비해 국내외에서 발표된 농약과 림프종 암의 관계에 대한 다양한 자료도 수집했습니다. 김 씨는 시간이 지날수록 자신이 농약 살포로 인해 병을 얻었다는 확신을 갖기에 이르렀습니다.

"농약 후유증은 오랜 시간이 지나서 나타난다고 합니다. 베트남전쟁에 사용된 고엽제의 경우 최근에야 증상을 보이는 경우도 있습니다. 지금은 제 개인의 문제지만, 제가 선례를 만들어 놓으면 지금 어딘가에서 방법을 찾지 못하는 사람이나 또 앞으로 생길 수 있는 피해자들이 도움을 받을 수 있을 겁니다."

국가인권위는 2007년 9월 김 씨의 진정 사건에 대해 "병사들에게 병역 의무와 무관한 사역을 시키지 말라"고 국방부장관에게 권고했습니다. 인권위는 조사 과정에서 김 씨가 근무했던 군부대가 오랫동안 과수원을 운영해 왔고, 김 씨가 이곳에서 군대 생활 내내 농약을 살포했다는 사실을 밝혀냈습니다. 또한 일부 군부대의 편법적인 과수원 운영과 관련, 국방부가 감사를 통해 지적한 사실도 확인했습니다.

김 씨는 이 일을 계기로 큰 힘을 얻었다고 말합니다. 무엇보다 자신의 잃어버린 시간을 되찾은 것이 기쁘고 고맙다고 했습니다. "용기를 내지 못했다면 자신은 지금도 '기록상 취사병'으로 남아 있었을 것"이라며, "이제야 진짜 보직인 농약 살포병을 되찾았다"고 말합니다. 그러면서 앞으로 벌어질 싸움에 신경을 곤두세웁니다. 우선 국가인권위 결정을 첨부해 국가보훈처에 국가 유공자 재심을 신청하고, 받아들여지지 않을 경우 행정 소송도 염두에 두고 있습니다.

얼마 후 부산에서 만난 김 씨는 비교적 건강해 보였습니다. 4년째 항암 치료를 받고 있었지만 표정도 밝았습니다. 김 씨는 대학까지 졸업한 큰 아들로서 밥벌이도 못하는 처지가 괴롭지만, 2007년 한 해 동안 벌여온 싸움으로 자신감을 갖게 되었다고 말

세상을 향해, 어퍼컷!

합니다. 앞으로는 남들이 암 환자라고 말해도 기죽지 않을 것 같다고 합니다. 재심 절차가 끝나면 취직도 하고 연애도 하겠답니다. 그의 도전에 박수를 보내고 싶은 건 군대에서 '까라는 대로' 살아온 사람들 모두의 바람일 것입니다.

양심적 병역 거부 진정인 양지운 씨

1990년대 초 어느 신병 훈련소
에서 벌어진 일입니다. 일요일 오전마다 종교 행사가 열렸는데,
이 시간이 되면 모든 병사가 기독교, 천주교, 불교 중 하나를 선택
해야 합니다. 공간과 예산의 부족, 그리고 무엇보다 3대 종교가
사회적 다수라는 이유로 삼지선다형의 객관식 문항이 적용됐답니
다. 원불교 신자였던 어느 병사의 난감해 하던 표정이 지금도 기
억이 납니다. 대체로 부처님 오신 날에는 불교 신자가 늘고, 부활
절이나 성탄절에는 교회와 성당 쪽으로 향하는 사람들이 많았습
니다. 마땅한 주전부리가 없던 시절이라 종교 행사 때 나눠먹는
음식이 꽤나 인기를 끌었던 거죠.

그런데 일요일만 되면 몸이 아프다며 의무실을 찾는 군인이 있었습니다. 나중에 안 일이지만 이 병사는 무신론자였습니다. 어쩔 수 없이 종교 행사에 참석해야 하는 경우, 이 친구는 고개를 처박고 졸거나 화장실을 들락거리며 시간을 보냈습니다. 한번은 토요일마다 교리에 따라 교회에 가야 한다고 주장한 신병 때문에 부대가 발칵 뒤집힌 적도 있습니다. 다행히 이 군인은 부대장의 선처로 주말 오전에 외출할 수 있는 혜택을 누렸지만, 군대에서 이런 조치는 매우 예외적인 경우에 해당합니다.

그런가 하면 신앙의 자유를 지키기 위해 개인적 희생을 감수하는 사람들도 있습니다. 오랫동안 집총을 거부하고 감옥행을 자처한 '여호와의 증인'이 그렇습니다. 광복 이후 한국의 병역 거부자는 1만 6천 명에 이르고, 이 중 3,600명이 구속 수감되었습니다. 또 2013년 기준 전 세계 병역 거부자의 92.5퍼센트는 한국 감옥에 있습니다. 수감자의 99.3 퍼센트는 '여호와의 증인'입니다.

도무지 움직이지 않을 것 같았던 철옹성이 조금씩 열리기 시작한 것은 2007년부터입니다. 물꼬를 튼 사람은 영화 팬들에게 멜 깁슨과 해리슨 포드의 목소리로 친숙한 성우 양지운 씨였습니다.

2001년 11월 26일, 국가인권위 설립 첫날부터 수많은 사람들이 진정 접수처로 몰려들었습니다. 맨 먼저 진정을 접수한 사람은 충북 제천시 보건소 의무과장 이희원 씨의 대리인으로 장애인 차별 실태를 호소한 김용익 교수였습니다. 그 뒤를 이어 양지운 씨가 취재진의 카메라 세례를 받으며 진정서를 제출했습니다.

양 씨의 진정 내용은 한국 사회에서 오랫동안 금기시되었던 종교의 신념에 따른 양심적 병역 거부 문제였습니다. 양 씨는 '여호와의 증인 양심적 병역 거부자 수형자 부모 일동'의 대표 자격으로 구금 시설 내에서 여호와의 증인 신자들이 겪고 있는 종교의 자유 침해 등을 제기했습니다.

진정서를 들고 국가인권위를 찾아오기까지, 양 씨의 가슴에는 남모를 아픈 사연들이 켜켜이 쌓여 있었습니다. 그 중에서도 가장 혹독한 시련은 애지중지 키운 아들이 군에 입대하자마자 항명죄[*]로 체포되었을 때의 일입니다. 어려서부터 여호와의 증인을 믿어온 아들은 입영 날짜가 가까워오자 아버지에게 "그동안 저를 잘 키워주셔서 고맙습니다. 저는 군대에 가서도 양심에 따라 제 길을 가겠습니다"라고 말했다고 합니다. 그렇게 떠나간 자식을 걱정하며 밤낮으로 애를 태우던 아버지는 며칠 뒤 또 한 번 가슴이 찢어지는 슬픔을 겪어야 했습니다. 실정법 위반에 따른 구속이야 충분히 예상한 일이지만, "도주·증거 인멸의 우려가 있어 구속한다"고 써 있는 영장을 보고 아연실색하지 않을 수 없었답니다. '양심을 지키기 위해 자발적으로 입대한 사람에게 무슨 도주·증거 인멸의 우려인가?' 양 씨는 지금도 그때 생각을 하면 피가 거꾸로 솟구친

---

[*] 상관의 정당한 명령을 어긴 죄.

다고 합니다.

양 씨의 아들이 경기도 의정부교도소에 수감되었을 때의 일입니다. 한번은 양 씨가 여호와의 증인 국제회의에서 아들 소식을 전하자, 미국의 한 신도가 사실을 확인하기 위해 직접 한국으로 찾아왔습니다. 그 미국인은 의정부교도소에서 양 씨의 아들을 면회하는 동안 "믿을 수 없는 일"이라며 줄곧 울기만 했습니다. 그리고 한국을 떠나면서 "올림픽과 월드컵을 유치한 OECD 국가에서 어떻게 제1차 세계대전 때나 가능한 야만스러운 일이 벌어지고 있느냐?"며 분노를 삭이지 못했다고 합니다.

국가인권위는 2002년 10월 양 씨의 진정에 대해 "구금 시설 내의 여호와의 증인 수용자에게 종교 집회를 불허하는 것은 평등권 및 종교의 자유를 침해한 행위이므로, 여호와의 증인 수용자들도 종교 집회를 열 수 있도록 허용할 것"을 법무부 장관에 권고했습니다. 하지만 법무부는 3개월 뒤 "여호와의 증인 수용자는 종교 교리를 이유로 실정법을 위반했기 때문에 형을 집행하는 중인데, 만약 종교 집회를 허용한다면 실정법 위반 행위에 정당성을 강화해 주는 결과를 초래할 수 있다"는 등의 이유를 들어 국가인권위 권고 수용 불가를 통보해 왔습니다. 이에 국가인권위는 법무부의 회신 내용을 검토한 뒤 이례적으로 권고 수용 재고를 요청하는 공문을 발송했고, 그로부터 6개월 뒤 법무부는 "기독교, 불교, 천주교 등 3대 종교 이외의 종교를 신봉하는 소수의 수용자들에게도 종교 집회를 허용하라"는 공문을 산하 교정 기관에 발송했습니다. 종교적 '이단'에 부여해 온 첫 번째 빗장이 풀리는 순간이었습니다. 여호와의 증인 신자들의 구금 시설 종교 집회 허용을 놓고 국가인권위와 법무부 사이에서 벌어진 논쟁은 양 씨에게 좌절과 희망을 동시에 안겨주었습니다. 양 씨는 국가인권위가 생겼을 때 돌아가신 어머니를 다시 만난 것 같은 심정이었고, 진정서를 내기만 하면 모든 문제가 일사천리로 풀릴 줄로만 알았다고 합니다. 그러나 양심적 병역 거부 본질의 문제가 아닌 구금 시설 종교 집회 허용 문제도 쉽게 풀리지 않자 그는 억장이 무너지는 것 같은 슬픔에 빠져들었습니다.

이 무렵 양 씨는 양심적 병역 거부를 주제로 한 각종 토론회에 단골 패널로 참석해 현행 법률의 반인권적 성격을 비판했습니다. 그때마다 보수 진영의 집중 포화가 쏟아졌습니다. 남북이 대치한 상황에서 징병제의 근간이 흔들릴 경우 안보에 심각한 위험이 초래된다는 비판이었습니다. 그때마다 양 씨는 "해마다 수백 명에 이르는 여호와의 증인 신자들이 헌법에 보장된 양심의 자유를 누리기 위해 감옥행을 자처한다. 과연 그들을 감옥에 보내고 있기 때문에 우리의 안보가 유지되고 있는 것인가? 그렇다면 양심적 병역 거부를 인정하고 대체 복무제를 채택하고 있는 수많은 선진국들의 안보는 매우 불안하다는 논리인가?"라고 반박했습니다.

양 씨는 세상이 조금씩 앞으로 나아간다고 믿는 사람입니다. 그래서 군사 정권 시절이었다면 입에 담기도 어려웠던 문제를 자유롭게 토론할 수 있게 된 것을 기쁘게 여깁니다. 그러나 '이번에는……' 하며 실낱같은 기대를 품었던 재판과 소송의 결과가 기존의 판례를 쳇바퀴 돌듯 뒤따를 때마다 그는 허전한 마음을 달래며 눈물을 삼켜야 했습니다. 양 씨는 또 얼마나 많은 젊은이들이 더 감옥에 가야 할 것인가를 헤아리며, 그 길이 비록 가시밭이라도 양심을 일신의 안락과 바꾸지 않겠다고 다짐합니다. 그렇게 계속 걸어가면 종이에 물이 스며들 듯 언젠가는 진정한 평화와 구원이 찾아올 것이라고 믿기 때문입니다.

"수많은 파렴치범은 사면·복권시키면서 종교의 자유를 외친 사람에게는 가석방의 관용조차 베풀지 않고, 총을 들지 않는 대신 다른 일을 하면서 국가에 봉사하겠다는 사람을 감옥에 넣고 전과자로 만드는 것이 국익에 도움이 되는 것이라면, 여호와의 증인은 희생을 감수하면서 종교적 신념을 지켜나갈 수밖에 없습니다."

양 씨의 바람처럼 물은 조금씩 종이에 스며들었습니다. 국가인권위는 2005년 12월 양심적 병역 거부를 인정하고 국방부 장관과 국회의장에게 대체 복무제 도입을 권고했습니다. 이에 앞서 대법관의 절반인 6명과 헌법재판관의 다수인 7명이 판결문에 국회에 대체 복무제 입권을 권고하는 내용을 담았고, 국회의원 임종인 의원과 노회찬 의원은 대체 복무제 도입이 포함된 병역법 개정안을 발의했습니다. 그리고 2007년 9월 대체 복무제 도입의 마지막 문턱이라 할 수 있는 국방부가 '병역 이행 관련 소수자의 사회 복무제 편입 추진 방안'을 발표했습니다.

그러나 2008년 7월 국방부는 그간의 흐름과 배치되는 '대체복무제 원점 재검토' 방침을 내놓았습니다. 반기문 유엔사무총장이 한국을 방문해 한국이 국제사회에서 모범을 보여 달라고 요청하던 시간에, 국방부는 시계를 한참 뒤로 돌려놓은 것입니다. 반 총장과 국가인권위원회 안경환 위원장이 서울의 모 호텔에서 단독으로 만나는 현장에 양지운 씨는 세계인권선언 60주년 특별홍보대사 자격으로 참석했습니다. 그날 양 씨의 표정은 내내 어두웠습니다. 정부를 향해 "이런 국제적 망신이 어디 있느냐?"며 강한 유감을 표하기도 했습니다.

국가인권위는 국방부의 발표를 다각도로 검토한 뒤 양심적 병역거부는 인권의 문제라는 점을 거듭 밝히고 대체복무제 도입을 위한 세부 이행계획 추진을 국방부 장관에게 권고했습니다. 그러나 국방부가 병역문제에 대한 고정관념을 깨고 국제사회가 요구하는 양심의 자유를 폭넓게 인정하기까지는 앞으로도 긴 시간이 필요할 듯합니다. 언젠가 국제사회의 요구대로 국방부가 대체 복무제를 도입한다면, 여호와의 증인이 걸었던 기나긴 감옥행도 막을 내릴 듯합니다. 양 씨가 더 이상 수감자를 만나기 위해 교도소를 찾아다니는 일도, 해마다 한국의 병역 거부 세계 기록이 갱신되는 일도 그쯤에서 끝나겠지요.

서약서 한 장에 숨어 있는 비밀

출타병 준수사항 인권 침해 진정인 홍정우 씨

우리나라에는 몇 년 전까지만 해도 '준법서약서'라는 게 있었습니다. 말 그대로 법을 지키겠다고 약속하는 문서입니다. "법치주의 국가에서 법을 지키는 건 당연하지 않느냐?"고 반문하는 사람이 있을지도 모르겠습니다. 물론 맞는 말입니다. 하지만 만일 누군가의 양심이 실정법과 배치될 경우는 어떨까요? 국가는 개인에게 양심을 포기하라고 압박하거나 양심을 겉으로 내세우지 말라고 유혹할 수 있을 것입니다. 하지만 개인에게 양심이 생명처럼 중요한 것이라면 어떨까요?

■ 좌익수나 양심수들에게 가석방 결정의 전제 조건으로 대한민국 체제와 법을 준수하겠다는 내용을 서약하도록 한 문서. 국내외 인권 단체들의 비판이 끊임없이 제기돼 2003년에 폐지되었다.

준법서약서는 분단국가가 만들어낸 비극이자 무자비한 인권 탄압의 생생한 증거입니다. 일제 강점기부터 내려오던 '사상전향제'가 준법서약서의 뿌리이고, 독재 정권 시절 양심수를 옭아매는 도구로 준법서약서가 악용된 사실이 이를 잘 말해줍니다. 서약서 한 장만 쓰면 석방될 수 있었던 비전향 장기수들은 왜 수십 년씩 감옥에 갇히는 길을 택했을까요? 그들에게 준법 서약은 평생 버티고 살아온 근간을 뒤집는 반강제적 전향이기 때문일 것입니다.

우리 사회에는 일상적 '준법 서약'이 많습니다. 많은 길을 열어 놓고 가야 할 길을 알려주기보다, 한 길만을 보여준 채 다른 길로 들어서는 걸 제약하는 일이 허다합니다. 그래서 "무엇 무엇을 해도 좋다"는 배려보다는 "무엇 무엇을 해서는 안 된다"는 규제가 훨씬 더 익숙합니다. 어려서부터 "하지 말아야 한다"는 논리에 중독된 나머지, 어른이 되어서도 왜 하지 말아야 하는지에 대한 의문을 품지 못합니다. 우리 주변을 제약하고 있는 수많은 금지 규정을 인권의 관점에서 차분히 돌아보면 세상이 다르게 보일 것입니다. "하지 말아야 한다"는 프레임을 "할 수 있다"는 프레임으로 만드는 노력이야말로 우리 사회를 훨씬 더 건강하고 풍요롭게 만드는 지름길입니다.

홍정우 씨는 평범한 청년입니다. 남들처럼 고등학교를 졸업하고 대학에 다니다 군대에 갔습니다. 대학에서 법학을 전공하고 고시 공부에 전념했다는 점을 빼면 그 나이 또래의 청년들과 별반

다를 게 없습니다. 하지만 20대 청년의 눈에 펼쳐진 병영의 모습은 한마디로 모순덩어리였습니다. 계급이 상식을 억압할 때마다 그는 가슴앓이를 했다고 합니다. 한번은 이등병이 규정을 어기고 운전병으로 차출됐다가 사고가 났는데, 군부대에서는 운전병에게 모든 책임을 뒤집어씌우고 모든 병사들에게는 외박 금지 조치를 내렸다고 합니다. 그런데 정작 이등병의 차출을 명령한 간부들에게는 아무런 잘못도 추궁하지 않았다고 합니다. 또 면회 온 사람들이 즐겁게 노는 모습이 마음에 들지 않는다며, 부대에서 갑자기 면회객들의 접근 지역을 대폭 축소한 일도 있었다고 합니다.

"원칙과 기준은 위아래가 따로 없어야 신뢰를 얻을 수 있는데 군대에서는 그렇지가 않더군요. 어떤 간부는 병사들을 데려다 빨래와 청소까지 시켰습니다. 새벽 1시까지 회식 자리 시중을 들고 6시에 겨우 일어나 골프장으로 모시고 갔던 일도 있었습니다."

홍 씨는 작은 일부터 천천히 바꾸는 방법을 택했습니다. 대개의 내무반에서 청소는 졸병들이 도맡아했는데, 어느 순간 선임병들이 청소에 적극 참여하면서 분위기가 완전히 달라졌다고 합니다. 군대에 다녀온 사람들은 잘 알겠지만 내부반의 허드렛일이라는 게 모두가 힘을 합하면 10분도 걸리지 않는 간단한 일입니다. 그러나 선임병들이 모두 뒤로 빠지고 가장 직급이 낮은 병사들에게만 시킨다면, 한 시간 가까이 땀을 흘려야 겨우 마칠 수 있는 고된 작업입니다.

사병들이 외출, 외박을 떠나기에 앞서 작성하는 운전금지 서약서는 처음부터 홍 씨의 비위에 거슬렸습니다. 아무리 군대라고 하지만 사람이 선택할 수 있는 문제를 일방적으로 억제하는 건 문제가 있다고 생각한 것입니다. 홍 씨는 법학 전공자답게 이 문제를 준법서약서의 군대 버전으로 여겼다고 합니다.

그 무렵 홍 씨는 개인적으로 가까운 군 간부에게 답답한 심정을 털어놓은 일이 있었습니다. 병사들 스스로 책임질 수 있는데도 획일적으로 기준을 정하는 바람에 병사들의 사기가 떨어진다는 진단이었습니다. 그때 홍 씨의 얘기를 전해들은 군 간부는 "그거 아무 효력도 없는 거니까 신경 쓰지 마"라고 말했다고 합니다.

그러던 어느 날, 홍 씨는 무심코 서약서를 쓰고 휴가를 나왔다가 제사를 지내기 위해 고향까지 장거리 운전을 해야 하는 상황이 생겼습니다. 홍 씨는 휴가병 신분으로 먼 길을 운전하는 내내 부대에서 쓰고 나온 서약서 생각이 났다고 합니다. 현실에서는 전혀 억압적 효력을 내지 못하는 종이쪽지가 줄곧 그의 의식을 맴돌며 마음 한구석에 부담을 남긴 것입니다. 그는 다시 한번 법학도답게 헌법 제37조 제2항의 기본권 제한 예외 조항을 떠올리며 군부대의 서약서가 위헌이라는 판단을 하기에 이르렀습니다.

많은 사람들이 그렇듯 군대에서의 경험은 제대하면서 곧바로 잊히게 마련입니다. 남성들의 기억 속에 군대의 폭력성은 묻히고, 대신 젊은 날의 향수가 그 자리를 채우는 것도 그런 까닭입니다.

홍 씨도 그랬습니다. 그는 제대하자마자 곧바로 고시 공부에 몰두했습니다. 하지만 아주 우연한 계기를 통해 작은 권리의 중요성을 실감하고 문제의 서약서를 다시 떠올리게 됐다고 합니다.

일반적으로 그해에 제대한 병사에게는 예비군 훈련소집 통지서가 나오지 않습니다. 하지만 동사무소의 실수로 홍 씨에게 통지서가 배달됐고, 홍 씨는 무심코 훈련에 참가했다가 뒤늦게 자신이 훈련소집 당사자가 아니라는 통보를 받았다고 합니다. 이에 홍 씨는 동사무소를 찾아가 강력히 항의했고 왕복 교통비를 돌려받았습니다. 홍 씨는 금전 배상을 넘어 공식 사과를 요구했지만, 담당 공무원은 "억울하면 소송하라"며 사과를 거부했습니다. 그러자 홍 씨는 국민고충처리위원회에 민원을 제기했고, 결국 담당 공무원으로부터 이메일로 사과를 받아냈습니다.

이 사건을 겪으면서 홍 씨는 누군가 나서지 않으면 세상이 변할 수 없다는 점을 새삼 깨달았다고 합니다. 그리고 스스로 작은 것을 바꾸기 위해 마음을 다잡았습니다. 군대 시절을 떠올리며 자신의 마음에 짐으로 남았던 숙제를 풀기로 결심한 것입니다. 비록 현역 군인 신분으로 국가인권위에 진정서를 제출하지는 못했지만, 여전히 고민하고 있을 후임병을 위해 예비역이 나서는 것도 의미있는 일이라고 생각했습니다.

'출타병 준수사항'""은 어찌 보면 대단치 않은 형식상의 문서입니다. 사병들이 부대 밖으로 나가기 전에 이름을 쓰는 요식 행위에 지나지 않습니다. 내용을 자세히 읽는 병사도 많지 않고, 서약서를 썼다고 해서 나중에 불이익을 받는 일도 거의 없습니다. 그럼에도 홍 씨는 이 문서가 병사들의 선택권을 과도하게 제한한다고 여겼습니다. 근본적으로 병사들을 주체적 인격체로 바라보지 않기 때문에 이처럼 획일적인 서약서 작성을 수십 년째 강요하고 있다는 주장입니다.

홍 씨의 진정에 대해 국가인권위는 2006년 8월 국방부 장관에게 출타병 준수사항 중 인권 침해 소지 항목을 삭제할 것과 준수사항을 위반하더라도 처벌을 감수하는 서약을 강제하는 사례가 발생하지 않도록 할 것을 권고했습니다. 홍 씨가 군대에서 혼자 고민하고 판단한 것에 대해 국가 기관이 인권의 관점에서 손을 들어준 것입니다.

"군대가 정말로 병사들의 안전을 걱정한다면 의미 없는 서약서를 강요할 것이 아니라 그 시간에 안전 운행 교육을 시켜야죠. 서약서 한 장 받아놓고 나중에 사고 터지면 책임 없다고 변명해서야 되겠습니까? 이거 하나만 봐도 군대가 병사를 얼마나 하찮게 여기고 있는지 알 수 있습니다."

홍 씨는 군대에 다녀온 뒤 다시 시작한 고시 공부가 재미있다

■■ 군부대 별로 차이가 있지만 대부분 자가 운전, 음주 운전, 오토바이 탑승 및 동승을 금한다는 내용이 포함되어 있다. '나는 부대 밖에서 자가운전 및 음주운전, 오토바이 운전 및 동승도 하지 않으며 위 사항을 어길 때는 어떠한 처벌도 감수할 것을 서약합니다.'

며, 이제야 법이 조금씩 눈에 보인다고 말합니다. 단기간 집중적으로 공부하고 아니다 싶으면 다른 길을 찾겠다는 말에서 어딘가 모르게 자신감이 느껴집니다. 만일 사법 시험에 합격한다면 사회적 소수자 문제에 관심을 가질 것이고, 시험 결과가 시원치 않으면 아버지처럼 은행원의 길을 걷고 싶다는 홍 씨. 그의 따뜻한 심성과 다부진 의욕을 보건대, 은행원보다는 변호사가 더 잘 어울릴 것 같다는 생각이 들었습니다.

어느 노병의 끝나지 않은 전투

KLO 부대 첩보대장 이연길 씨

인권에는 좌도 없고 우도 없습니다. 보수도 진보도 없습니다. 인권은 인류 보편의 권리이자 시대와 국경을 초월하기 때문입니다. 물론 인권 문제를 바라보는 기준이 조금씩 바뀔 수는 있습니다. 과거에는 덜 중요하게 여겼던 분야가 새롭게 주목받는 경우도 있습니다. 우리나라의 경우 과거에는 자유권적 기본권*이 강조되었으나, 최근 들어 사회권적 기본권**이 함께 중시되고 있습니다.

한 국가의 인권 문제를 거론할 때 반드시 고려해야 할 사항이

■ 국가에 요구하는 소극적 권리. 헌법 제11조 내지 제22조까지의 조항을 말하며, 유엔의 시민적·정치적 권리에 관한 국제협약(B규약)에 해당한다.

역사적 맥락입니다. 외세의 침입과 좌우의 분열, 남북의 분단과 독재 정권의 폭압 통치 등을 거친 한국 근현대사는 인권 문제와 밀접하게 관련되어 있습니다. 국민의 정부가 의문사진상규명위원회를 설치하고, 참여 정부가 각종 과거사위원회를 만들어 국가 기관 차원의 공식 사과를 추진한 것도 이와 무관하지 않습니다. 우리 역사를 멍들게 했던 상처를 말끔히 치유하는 것이야말로 과오를 되풀이하지 않기 위한 최선의 대책일 것입니다.

여기 여든을 넘긴 한 노인이 있습니다. 그는 지금 국가가 반세기 전의 역사를 주목해야 한다고 외치고 있습니다. 국민의 인권을 보호하고자 하는 국가라면, 마땅히 이 노인의 목소리에 귀를 기울여야 할 것입니다.

이연길 씨는 풍운아처럼 살아왔습니다. 함경남도 원산에서 태어나 1945년 19세의 나이에 38선을 넘었습니다. 광복 직후 서울에서 이북 출신으로 살아간다는 게 만만한 일은 아니어서 다시 고향으로 돌아갔다가 가까스로 탈출한 일도 있었다고 합니다. 그는 오로지 살아남기 위해 남쪽으로 향했고, 그날의 선택은 이 씨의 인생을 줄곧 지배해 왔습니다.

학구열이 강했던 이 씨는 1948년 성균관대 정경학부에 입학했는데, 이 무렵 국방부 제4국이 주도한 특별교육과정을 4개월간

■■ 국가에 요구하는 적극적 권리. 헌법 제29조 내지 제34조까지의 조항을 말하며, 유엔의 경제적·사회적·문화적 권리에 관한 국제협약(A규약)에 해당한다.

세상을 향해, 어퍼컷!

수강하면서 새로운 길을 걷게 됩니다. 그곳에서 배운 통계, 측량, 병기, 기상, 심리 등은 이른바 특수 첩보 임무 수행을 위한 기초 교육으로, 이 씨는 전쟁이 터지자 곧바로 미군 공보원을 거쳐 KLO 부대***에서 활약했습니다.

이 씨는 KLO 산하의 유일한 해상 기지였던 고트 부대를 지휘했습니다. 대동강 하류에서 황해 바다로 빠져나오는 길목에 위치한 초도가 그의 아지트였다고 합니다. 이 씨는 이곳에서 특수 부대 요원들을 훈련시키고 북한 땅을 드나들며 각종 정보를 수집했습니다. 압록강과 중국 바다까지 들어가 배를 나포****한 것이나 평양과 모스크바의 도청 공작을 진행한 것으로 미뤄볼 때 그가 첩보 부대에서 차지한 비중을 엿볼 수 있습니다. 하지만 시련도 적지 않았습니다. 작전 도중 적지 않은 대원들이 목숨을 잃었습니다. 여기에는 이 씨의 친형도 포함되어 있었습니다.

휴전 협정이 체결되고 연합군 사령부는 KLO 부대의 해산을 명했습니다. 이 씨는 생사를 함께한 부대원들과 헤어진 뒤 공군 특수 부대에서 2년쯤 더 일하다가 군복을 벗었습니다. 그리고 젊은 날의 기억을 잊고 사업가로 살아왔습니다. 비록 군인은 아니었지만 그는 여전히 현역 못지않은 왕성한 활동을 펼쳤습니다. 북한의

*** Korea Liaison Office, 미 극동군사령부 산하 주한 첩보 연락처.
**** 전쟁중에 전쟁 당사국의 군함이 해상에서 적국이나 중립국의 선박 및 화물을 그 지배 아래 두는 일.

고위 관계자들과 수시로 접촉하며 망명을 추진한 일이나 북한민주화협의회 회장을 지낸 약력에서 볼 수 있듯이, 그는 한평생 첩보 영화의 주인공처럼 살아왔습니다.

이 씨가 다시 KLO 부대에 관심을 가진 건 10여 년 전입니다. 우연히 소식을 듣고 찾아간 부대원들의 고단한 삶이 그의 가슴을 아프게 했습니다. 이 씨는 동료들에 내한 지난 세월의 무심함을 후회하며 틈나는 대로 전장의 부대장처럼 퇴역한 노병들을 챙겼습니다. 자신의 명령에 따라 사지로 뛰어든 사람들에게 더 늦기 전에 작은 힘이라도 주고 싶었다고 합니다.

"인천 소래포구 오두막에 살던 부대원이 있었는데 전쟁 끝나고 배를 타다가 로프에 걸려 다리 하나가 잘렸어요. 남편이 일을 못 하니까 부인이 대신 조개를 주우러 다녔는데, 밀물이 들어오는 걸 모르고 일하다가 죽었습니다. 주검을 건져 보니 무거운 조개 주머니가 허리에 꽉 매달려 있더라고요. 그걸 빨리 풀었으면 살 수도 있었을 텐데, 버리기 아까우니까 짊어지고 나오다가 힘이 빠진 거예요. 그날 밤 함께 술 마시고 옛날 얘기하면서 울었는데…… 얼마 지나지 않아 그 친구도 죽었다는 소식을 들었습니다."

이 씨는 도움을 청할 만한 기관을 모두 접촉했습니다. 그때마다 "소관 사항이 아니므로 관계 부처로 넘긴다"는 공문이 날아왔습니다. 관계 부처인 국방부도 "외국군 부대 소속이라 보상 대상이 되지 않는다"는 회신을 보내왔습니다. 국가 기관을 통해 해결하기는 어렵겠다 생각하고 자포자기할 무렵, 국가인권위로부터 "조사가 늦어 송구스럽다"는 답신이 왔습니다. 이 씨는 국가 기관이 조사를 벌이고 있다는 사실에 힘이 났습니다.

이른바 '북파 공작원'들의 존재는 오랜 세월 금기의 영역이었습니다. 국가인권위가 2003년 3월 '북파 공작원 관련 특별법 제정'을 권고하고 이듬해 1월 '특수임무수행자 보상에 관한 법률'이 제정된 뒤에서야 북파 공작원들은 비로소 음지에서 벗어났습니다. 하지만 특수 요원과 유족들의 실질적인 보상을 위한 법률의 입법 취지와 달리, 외국군 소속 특수 임무 수행자들은 보상 대상에서 제외됐습니다. 이 때문에 KLO 부대원들은 한국군과 다를 바 없는 특수 임무를 수행하고도 보상을 받지 못하고 있는 것입니다.

이 대목에서 눈길을 끄는 것이 미 공군성의 답변입니다. 2006년 1월 미 공군성은 "본질적으로 한국전쟁 기간중 동맹을 맺은 군사일 뿐 미군에 의해 민간인으로 고용되거나 계약을 바탕으로 하여 미군에 복무한 자로 볼 수 없으므로, 미국은 적극적 보상 의무를 가지고 있지 않다"고 밝힌 바 있습니다. 하지만 이 씨는 자신이 이끌던 해상 고트 부대의 경우 미군에서 파견한 고문관이 상주했으며, 수집한 정보는 미군에 직접 보고했다고 주장합니다. 즉 사실상 미군의 일원으로 복무했다는 얘기입니다.

미군의 보상 책임은 논외로 치더라도 한국 정부가 이들을 외면하는 것은 더욱 이해하기 어렵습니다. 국가인권위가 국회의장과 국방부 장관에게 "비록 외국군 소속이라도 한국인 북파 공작원에게 보상할 의무가 있다"며 관련 법률의 제·개정을 권고한 것도 그런 배경입니다. 전쟁이라는 극단적 상황에서 국가를 위해 희생한 사람들에 대한 처우를 결정하는 데 있어서, '한국군 소속 여부'는 어쩌면 형식 논리에 불과할지도 모릅니다.

KLO 부대원들이 국가로부터 보상을 받기까지는 앞으로도 여러 절차가 남아 있습니다. 이 씨는 후일 보상금을 받게 되면 먼저 간 부대원들을 기리는 위령탑을 세우고 싶다고 말합니다. 힘닿는 데까지 노력해서 꼭 결실을 보고 싶다고 말하는 이 씨. 하지만 하루가 다르게 악화되는 건강이 걱정스럽습니다. 수전증으로 고생하는 중에 얼마 전엔 폐암 진단까지 받았습니다. "한 사람이라도 더 살아있을 때 정당한 대우를 받아야 할 텐데……" 앞으로 얼마나 더 살지 모르는 노병의 마지막 바람입니다.

얼마 전 중국에 생존해 있는 KLO 부대원 장근주 씨의 사연이 방송 프로그램에 보도된 일이 있습니다. 79세로 생을 마감한 그는 죽기 전에 꼭 한국으로 돌아가고 싶다고 말했으나 지병이 악화돼 끝내 숨을 거두고 말았습니다. 장 씨는 숨지기 전 "뼈라도 한국에 묻어 달라"고 말해 가족들을 안타깝게 했습니다. 살아서 고향으로 돌아오지 못한 사람들은 장 씨만이 아닐 것입니다. 전쟁과 분단이 남긴 상처는 반세기가 넘게 지난 지금까지도 아물지 않고 있습니다.

죽은 자와 산 자를 다시 울리는 침묵

순직·전사자 변경 처리 미통지 진정인 문철주 씨

어느 날 지인의 전화를 받았습니다. 내용을 들어 보니 국가보훈처에 문의할 사항이라서 담당 부서와 담당자 연락처를 찾아 알려드렸습니다. 몇 달 후 그분에게서 다시 전화가 왔습니다. 덕분에 부친이 국가 유공자로 지정되었다며 고맙다고 했습니다. 비록 관련 법률 때문에 지난 세월의 상처까지 소급해서 보상받지는 못했지만, 죽기 전에 자식들에게 자부심을 심어준 아버지가 자랑스럽다는 말도 덧붙였습니다.

사연은 이렇습니다. 부친이 군복무 시절 경계 근무를 서다가 난로에 넣을 장작을 쪼개던 도중 도끼날에 튄 나뭇조각에 눈을 찔려 실명했다고 합니다. 군부대에서는 사고 사실이 외부로 알려지는 걸 우려해 부상자를 조기 제대시켜 주는 걸로 무마하고 수십 년이 흐른 것입니다. 그러던 어느 날 여든이 넘은 노인이 빛바랜 군인 수첩을 발견하고 당시의 상처를 되새기며 자식들에게 사고 사실을 털어놓았고, 아들이 국가인권위로 전화를 걸었던 겁니다.

돌이켜 보면 국가 기관에 의한 피해는 어쩔 수 없다며 포기해야 했던 긴 세월이 있었습니다. 국가를 상대로 무엇인가를 요구하는 게 쉽지 않은 일인데다, 막상 해보려 해도 방법을 몰라 포기하는 일도 적지 않습니다. 이런 사람들을 찾아내 보상해야 할 책임은 마땅히 국가에게 있다고 할 것입니다.

시골 사람들일수록 관공서 문턱을 높게 여기는 경향이 있습니다. 복잡한 법률 용어나 행정 절차에 대한 부담 때문이기도 하지만, 웬만큼 큰 문제가 아니면 관청을 거치지 않으려는 소박한 마음 씀씀이에 기인합니다. 어쩌다 그냥 넘길 수 없는 중대한 사안에라도 직면하게 되면 시골 사람들은 집안이나 마을의 어른을 찾곤 합니다. 지리산 자락이 숨을 고르고 내려앉은 경남 산청 땅에서 70여 년을 살아온 문철주 씨가 바로 그런 노인입니다.

문 씨의 먼 친척, 정확히 말하면 처재종질서(아내의 7촌 조카의 남편)인 민 모 씨가 군대에서 병을 얻어 사망한 것은 1970년대의 일입니다. 군 당국의 기록에 따르면 민 씨는 전방 부대에 복무하던 중 갑자기 혈관이 터졌고 부산 국군통합병원으로 이송되어 입원 치료를 받다가 숨을 거두었습니다. 당시 민 씨의 아내 김 모 씨는 시댁 식구들이 "새댁이 문병 가는 것은 좋지 않다"고 말리는 바람에 남편의 마지막 가는 길도 보지 못한 채 오랜 세월 복받치는 설움을 달래가며 살아왔습니다. 가족들은 육군본부 측이 '단순 병사'로 통보한 것에 의문을 품었으나, 당시만 해도 군 당국을 상대로 진실 규명에 나서기는 무척 어려운 일이었습니다.

문철주 씨가 이 사실을 알게 된 것은 2003년 봄입니다. 아내 김 씨는 문 씨의 집에 인사차 들렀다가 한 맺힌 사연을 털어놓았고, 그 얘기를 듣고 직감적으로 군 당국에 문제가 있다고 생각한 문 씨는 곧바로 구제 활동에 나섰습니다. 문 씨는 먼저 민 씨의 아들을 통해 민 씨가 사망한 부산통합병원에 의료 일지 사본과 병원장 확인서를 요청했습니다. 하지만 병원 측은 "오래됐다"며 발급을 거부했습니다. 민 씨의 아들이 통합병원을 직접 찾아가 재차 요청했을 때도 병원 측의 답변은 변함이 없었습니다. 그러자 문 씨는 유족들이 어렵게 찾아낸 민 씨의 군번을 명기한 탄원서를 작성해 의문사진상규명위원회에 발송했고, 곧이어 이 문서는 국가인권위로 넘어와 진정 사건으로 접수되었습니다.

국가인권위는 문 씨의 진정 내용을 조사하는 과정에서 육군본부의 명백한 인권 침해 행위를 밝혀냈습니다. 즉 육군본부가 단순 병사로 분류했던 민 모 씨를 1996년 12월 순직으로 변경 처리한 사실을 알고도 이를 유족에게 통보하지 않은 점을 확인한 것입니다. 또한 국가인권위는 문 씨의 진정 내용이 개인 문제가 아닌 군

전체의 중대한 사안임을 감지하고 조사 범위를 육·해·공군 순직·전사자로 확대했습니다. 그로부터 얼마 뒤인 2004년 8월 국가인권위는 "순직·전사 변경 처리 미통지는 유족의 알 권리 및 명예권을 침해한 행위"라는 결정을 내리고, 육군 참모총장에게 책임자 징계 등을 권고하고, 국방부 장관에게 창군 이후 해·공군의 사망 구분 새심사를 권고했습니다.

국가인권위 조사를 통해 육군 본부가 1996년과 1997년 모두 네 차례의 전공사상심사위원회를 통해 창군 이후 병·변사 처리된 4만 5,804명 중 9,756명을 전사 및 순직으로 직권 변경한 사실도 드러났습니다. 그러자 문 씨는 "국가가 죽음의 원인을 잘못 처리한 것과 이를 알고도 유족에게 알리지 않은 것에 대한 책임을 져야 한다"며 2004년 10월 육군 참모총장에게 국가 배상 등을 요구하는 질의서를 보냈습니다. 하지만 육군 본부는 "전국적으로 유사한 사건이 많고, 현실적으로 배상하기 어렵다"고 회신했습니다. 이에 문 씨는 유족들에게 민사 소송을 권했고, 유족들은 국가를 상대로 소송을 제기했습니다.

부산지방법원은 2005년 9월 20일 "육군본부가 병사자의 사망 구분을 순직으로 변경했음에도 유족에게 알려주지 않은 것에 대해 국가는 배상 책임을 인정해야 한다"고 판결했습니다. 부산지법 민사 제1단독은 판결문에서 "사망 구분 변경은 유족에게 국가 유공자 등록 신청의 전제가 되는 중요한 사실이므로, 육군 참모총

장은 그와 같은 사실을 지체 없이 원고에게 통지할 의무가 있음에
도 이를 게을리 한 과실이 인정된다. 따라서 국가는 원고가 입은
손해를 배상할 책임이 있으며, 원고가 청구한 6,600여만 원 중
3,524만 원을 배상하라"고 원고 일부 승소로 판결했습니다.

이 판결은 "육군 본부가 군복무중 순직·전사 변경 처리된 사실
을 통지하지 않은 것은 유족의 알 권리 및 명예권 침해"라는 국가
인권위의 결정을 거의 그대로 받아들인 것으로, 만약 이 판결이
최종 확정될 경우 유사 피해자 수천 명의 소송이 진행될 것으로
예상됩니다.

문 씨에게 쉽지 않았을 문제를 능숙하게 처리한 비결을 물으니
그가 걸어온 과거사가 실타래처럼 풀어져 나왔습니다. 1951년 겨
울, 전쟁의 광기가 남녘땅 지리산을 뒤덮을 무렵 그는 할머니와
함께 경남 거창군 신원면에 살고 있었습니다. 그곳은 바로 한국
현대사의 수많은 상처 중에서도 가장 처절한 얼룩으로 남아 있는
거창 양민 학살의 현장이었고, 문 씨의 할머니는 아무것도 모르고
집단 총살당한 517명의 원혼 중 한 명이었습니다. 사건 전날 문
씨는 산청의 누님 집으로 피난을 가 있는 바람에 참변을 피할 수
있었지만, 할머니의 억울한 죽음은 어린 가슴에 씻을 수 없는 상
처로 남았습니다.

문 씨는 1963년부터 31년간 경찰 공무원으로 재직했습니다. 거
창 사건 희생자의 유족이 경찰을 한다는 게 쉽지 않은 선택이었지

만, 그는 "국가가 올바른 길을 가도록 하는 데 기여하고 싶다"는 소명 의식으로 숱한 시련을 딛고 자신의 자리를 지켰습니다. 그러나 그의 마음 한쪽에는 시신조차 수습하지 못한 할머니에 대한 기억이 떠나지 않았고, 언젠가 거창 사건 진상 규명 활동에 나서겠다는 의지가 굳게 자리 잡고 있었습니다. 문 씨가 1994년 경찰을 그만두자마자 '거창양민학살 희생자유속회'에 가담해 회장과 고문직을 맡은 것도 그런 연유입니다. 문 씨는 최근까지 정치권에서 논란이 되고 있는 과거사 문제에 대해 "국가는 가장 중요한 인권 문제에 심혈을 기울여야 한다. 진상 규명과 명예 회복이야말로 국가의 기틀을 확고하게 다지는 지름길"이라고 주장합니다.

국가인권위는 2004년 10월 육군 본부의 순직·전사자 변경 처리 미통지 내용을 진정하고 관련 자료를 제출한 문 씨에게 '국가인권위 보상금지급규칙'에 의거해 200만 원의 보상금을 지급했습니다. 문 씨는 "당연히 할 일을 했을 뿐인데 보상금을 받게 되어 부끄럽다"면서, "세상이 남의 문제에 관심을 두지 않는 쪽으로 빠르게 흘러가는 것 같아 안타까울 때가 많다"고 했습니다. 그는 요즘도 마을 사람이 부탁한 새로운 '사건' 조사에 매달리고 있습니다. 이 또한 군 의문사 사건으로 오래전의 일입니다. 군 당국의 기록엔 제대를 앞두고 음주 운전 도중 사망한 것으로 나와 있지만, 문 씨는 이 말을 믿지 않습니다. 그간 너무도 많은 국가의 거짓말을 들어왔기 때문입니다.

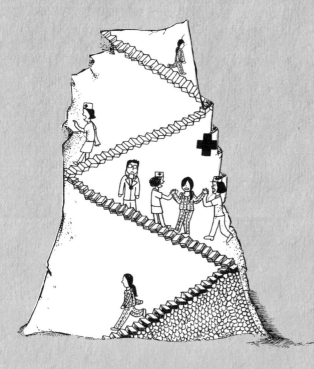

스윙

숨은 그림 찾기에는
차별이 숨어 있었다

생 활 속 에 서 의   인 권 찾 기

0.2센티미터가 바꿔버린 인생

경찰관 임용시험 차별 진정인 김희선 · 이동인 씨

"지금은 채용 공고에 명시적으로 '키 몇 센티미터 이상' 등의 표현은 없다. 하지만 키가 크면 유리하다는 걸 모르는 사람은 없다. 아직도 키나 외모로 사람을 차별하고, 심지어 기회조차 주지 않는 잘못된 현상이 남아 있다. 이런 관행에는 집단적으로 도전해야 하는데 대개는 키높이 구두에 적응하기에만 바쁘다."

어느 여성 단체 대표가 2005년 《부산일보》에 기고한 글의 일부입니다. 글의 내용처럼 우리나라 사람들은 대체로 큰 키를 선호하는 경향이 있습니다. 외모에 민감한 청소년들의 경우, 작은 키 때문에 스트레스를 받는다는 얘기가 종종 신문에 보도되곤 합니다.

매우 이례적인 경우이지만 외국에서는 큰 키 때문에 고통을 겪은 사람도 있습니다. 2003년 기준, 세계에서 가장 키 큰 여성으로 기록된 파키스탄 여성 자이나브 비리라. 그는 약 218센티미터의 큰 키 때문에 사람들의 놀림을 받는 것이 견딜 수 없다며 영국으로 망명을 신청한 일도 있었습니다.

세상에는 분명 키 큰 사람에게 유리한 일들이 있습니다. 장신들이 강세를 보이는 농구 경기가 대표적인 경우일 듯합니다. 반면 키와 무관하게 경쟁할 수 있는 분야는 훨씬 더 많습니다. 일반적으로 장신이 유리한 영역이라고 해도 키 작은 사람들이 얼마든지 진출할 수 있습니다. 키다리 센터들이 코트를 누비는 농구 경기에서 단신 가드들이 활약하는 모습은 낯설지 않은 장면입니다.

그러나 아무리 재능이 뛰어나더라도 작은 키 때문에 아예 진입조차 할 수 없는 경우도 있습니다. 바로 얼마 전까지 한국의 경찰관이 그랬습니다. "키 167센티미터 미만의 남자, 157센티미터 미만의 여자" "몸무게 57킬로그램 미만의 남자, 47킬로그램 미만의 여자." 이들은 경찰공무원임용령 시행규칙에 의거해 대한민국 경찰이 될 수 없었던 사람들입니다. 여기에서 한 가지 의문이 생깁니다. 신장이 작거나 체중이 가벼우면 체력도 비례해서 떨어지는가? 올림픽 때마다 잔잔한 감동을 불러일으키는 단신들의 투혼을 감안하면, '키 또는 몸무게=힘'이라는 세인의 인식은 단지 참고 사항일 뿐 정비례 관계로 보기 어려울 것 같습니다.

김희선(가명) 씨와 이동인(가명) 씨는 각각 2005년 1월과 3월 "공무원 채용시 응시 자격으로 키를 제한하는 것은 신체 조건에 의한 평등권 침해"라며 국가인권위에 진정을 냈습니다. 김 씨는 0.5센티미터, 이 씨는 0.2센티미터가 모자라 경찰관 임용 시험조차 보지 못했기 때문입니다.

　두 사람은 키 때문에 경찰공무원 신체검사에서 탈락해 새로운 길을 찾고 있습니다. 만약 좋은 시절에 태어났더라면, 아니 키 가지고 사람 '바보' 만들지 않는 나라에서 태어났더라면, 자신의 꿈을 향해 기쁘게 다가갈 수 있었을 사람들. 하지만 이 땅에서 그들은 씻을 수 없는 상처를 안고 살아갈 수밖에 없습니다. 도대체 키 작은 게 무슨 죄라도 되는 것이기에……

　이동인 씨는 2004년 11월 경찰공무원 채용 시험 신체검사에서 키가 167.8센티미터로 나와서 처음으로 필기시험을 치렀습니다. 그런데 이듬해 3월 다시 시험을 보기 위해 신체검사를 했더니 166.8센티미터로 나왔습니다. 0.2센티미터 모자라서 필기시험을 볼 수 없게 된 거죠. 이 씨가 현장에서 억울하다고 하소연해서 재측정했더니 167센티미터로 커트라인에 간신히 턱걸이했답니다. 그랬더니 경찰관이 3차 측정을 요청해서 다시 166.8센티미터로 줄었습니다. 3번 재서 2번 커트라인에 들지 못했다는 이유로 불합격 처리된 경우입니다.

　반면 김 씨는 세 번 측정해서 모두 156.5센티미터가 나와 한 번도 시험을 치르지 못했습니다. 어릴 때부터 꿈이 경찰이어서 대학에 들어가자마자 시험 준비를 시작했지만, 0.5센티미터의 벽을 넘지 못해 시험을 볼 기회조차 얻지 못한 것입니다.

"하늘이 캄캄해지는 것 같더라"고 말하는 이 씨와 울면서 신체 검사장을 나왔다는 김 씨. 두 사람에게 키는 인생을 바꿔놓을 만큼 무서운 기준이었습니다.

되짚어 생각해 보면 아주 웃기는 일이기도 합니다. 남자의 경우 168센티미터는 범인과 맞설 수 있고, 167센티미터는 그렇게 못한다는 논리이기 때문입니다. "키를 재느니 차라리 팔굽혀펴기를 시켜보거나 무술 실력을 보는 게 더 합리적이지 않은가"라고 반문하는 이 씨의 주장이 경찰의 획일적 잣대보다 더 설득력 있지 않을까요? 더구나 이 씨처럼 태권도 초단에 가라테를 배웠고, 헬스클럽도 2년이나 다녀 80킬로그램짜리 프레스를 거뜬히 들어 올리는 강철 체력의 소유자에게는 1센티미터의 차이가 사실상 의미 없는 기준이 아닐까 합니다.

김 씨도 이에 뒤지지 않습니다. 고등학교 때까지 유도 선수로 활약하면서 시도 대회에서 2등까지 한 경력이 있습니다. 한번은 골목길에서 고등학생 네 명이 담배 피우는 모습을 우연히 발견하고, 현장에서 버릇을 고치고 훈계를 한 일도 있었다고 합니다.

임용 기준으로 키를 제시하고 있는 한국 경찰의 논리는 무엇일까요? 공식적으로는 "국민의 생명과 신체를 보호하는 업무를 수

행하기 위해서는 신체적 조건에 제한을 둘 수밖에 없다"고 말합니다. 좀더 따지고 들어가면 키 작은 경찰이 키 큰 범인을 상대할 경우, 완력으로 제압하기 어렵다는 편견이 깔려 있는 셈이죠. 하지만 같은 경찰이라도 의경의 제한 기준이 더 낮게 정해진 것이나, 경찰 측이 167센티미터(남)와 157센티미터(여)의 기준 근거를 확실하게 제시하지 못하는 점을 고려할 때, 키 제한의 논거는 설득력이 떨어집니다.

김 씨와 이 씨가 키 제한 문제를 인권위에 진정한 것도 일종의 형평성에 대한 문제 제기였습니다. 능력을 보기 전에 일괄적으로 제한하는 기준을 그대로 둘 경우 계속해서 억울한 피해자가 나올 수 있다는 생각에서 인권위에 도움을 청한 것입니다.

김 씨는 신체 조건이 아니라 실질적인 능력으로 평가하자고 말합니다. 만일 경찰 업무를 아주 잘 수행할 수 있는 사람이 있는데, 그 사람이 키가 작아서 경찰이 되지 못한다면 국가적으로도 손해라는 주장입니다. 여기에 대해서는 경찰의 최고 책임자도 동의하는 듯합니다.

인권위가 "경찰관 임용 시험 신체검사에서 키를 제한하는 것은 평등권 침해"라는 결정을 내리자, 경찰청장이 직접 기자들에게 불편한 심기를 내비치기도 했습니다. 그러면서도 "체격이 왜소하더라도 무술 능력이 탁월해 신체적 약점을 극복할 수 있을 정도라면 전향적으로 검토할 수 있을 것"이라고 말해 실질적인 능력의 중요성을 일부 인정했습니다.

키 큰 사람들은 키 작은 사람들의 고통을 모르는 경우가 많습니다. 이 씨와 김 씨가 살아온 애기를 들어보면 키 작은 사람들의 비애를 조금이나마 엿볼 수 있을 듯합니다.

이 씨는 여자들이 키 큰 남자를 좋아하니까 '나도 키가 컸으면 좋겠다'는 생각을 늘 가슴에 품고 살아왔다고 말합니다. 경찰관 시험 신체검사를 앞두고는 조금이라도 커 보이기 위해 열심히 스트레칭을 했습니다. 사람은 누구나 척추가 눌려 있어서 허리만 잘 펴면 2센티미터쯤 길어진다는 속설에 따른 처방이었습니다. 또 아침에 키를 재면 더 크게 나온다는 애기를 듣고 오전에 신체검사를 받기 위해 일찍 집을 나섰다고 합니다. 실제로 오전에 검사할 때는 합격했고, 오후에 검사할 때는 떨어졌다며 허탈해했습니다.

김 씨는 가족들이 다 큰데 자기만 작아서 고등학교 때 '키 크는 한약'을 먹었다고 합니다. 시험을 앞두고서는 스트레칭도 열심히 했습니다. 스트레칭으로 0.2센티미터 키우고, 키 재기 직전에 오토바이 자세를 취하면 0.3센티미터쯤 더 커질 수 있다고 해서 척추를 바로 세우는 훈련도 마다하지 않았습니다.

김 씨와 이 씨를 만나는 동안 경찰관이 되기 위해 열심히 공부하고 체력을 키워야 할 시간에 0.2센티미터, 0.5센티미터의 키에 매달려 마음을 졸여야 하는 현실이 내내 안타깝게 느껴졌습니다.

다행스러운 건 철옹성으로 보였던 '키의 벽'이 조금씩 무너지고 있다는 사실입니다. 국가인권위가 키 제한에 대해 평등권 침해 결정을 내린 뒤 법무부는 2005년 소년 보호직 공무원 채용에 있어서 키, 몸무게 제한을 완전 폐지하기로 결정했습니다. 소방방재청도 2005년 12월 소방공무원 채용시 키와 몸무게 제한을 폐지하기로 결정했습니다. 경찰의 경우는 직무의 특수성 등을 이유로 최근까지 키를 제한했으나 2007년 마침내 편견의 벽을 허물었습니다. 이제 이 씨와 김 씨처럼 키가 작은 사람도 경찰이 될 수 있는 길이 열린 셈입니다.

이 씨와 김 씨는 두 가지 공통점이 있습니다. 하나는 자신들이 직접 피해자가 되어 아픔을 겪어보았기 때문에 후일 경찰관이 되면 억울한 사람들을 잘 보살필 수 있을 것이라는 점입니다. 그리고 다른 하나는 스스로 노력해서 자기의 권리를 찾을 수 있음을 보여줬다는 점이 아닐까 합니다.

숨은 그림 찾기에는 차별이 숨어 있었다

색각 차별 진정인 김민수 씨

해마다 학교 또는 병원에서 실시하는 정기 신체검사를 떠올려봅시다. 키와 몸무게를 재고 숟가락처럼 생긴 도구로 눈을 가려야 하는 시력 검사를 마치고 나면, 현란한 색깔의 동그라미가 뒤섞인 종이 위에서 어렴풋한 숫자를 가려내는 '숨은 그림 찾기'가 기다리고 있습니다. 바로 '색신'이라 불렸던 색맹, 색약 검사입니다.

대부분의 아이들이 가볍게 지나치는 과정이지만, 반에서 몇 명은 꼭 선생님 앞에서 큰 죄라도 지은 것처럼 눈을 비벼대며 한참을 머물러야 했습니다. 단지 특정한 색깔에 대한 반응 정도가 남들과 다를 뿐이었지만, 이들의 검사표에는 '이상'이라는 도장이 찍혔고 한동안 또래 집단에서 구별되곤 했죠.

통계로 보면 남성의 5퍼센트, 여성의 0.6퍼센트 정도가 색각 이상이라고 합니다. 색각 이상은 질병이라기보다 이른바 반성 유전[*]으로 나타나는 신체적 이상에 지나지 않는데도 당사자들은 적지 않은 마음고생을 해야 했습니다. 몇 년 전까지만 해도 색각 이상자는 장래 희망에서 경찰, 소방관, 의사, 공군 등의 직업을 일찌감치 지워야 할 정도였습니다.

일례로 아주 똑똑한 친구가 한 명 있었습니다. 수학과 과학을 아주 좋아한 이 친구는 한여름 고추 따는 일이 아주 싫었습니다. 붉은 고추만 따야 하는데 이따금씩 풋고추를 함께 따는 바람에 꾸중을 들었던 거죠. 그 친구는 색약 증상을 보여 이공계 진학을 포기했습니다. 하지만 어른이 된 지금, 그 친구는 교통 신호를 구분하는 데 아무런 어려움 없이 자동차를 운전합니다.

김민수(가명) 씨는 어린 시절의 신체검사에 추억이나 향수라는 단어를 붙이지 못합니다. 그냥 잊고 살기에는 신체검사에서 시작된 상처가 너무나 컸던 탓입니다. 녹색약[**]은 몇 번이나 가고 싶은 길을 막았으며, 어쩌면 미래의 삶까지 바꿔놓을지 모릅니다. 중학교 때 공고 진학을 포기한 것이나 고등학교 시절 건축 디자이너의 꿈을 접고 영문학도가 된 것도 모두 녹색약 때문이었습니다.

[*] 성염색체 유전자에 의해 일어나는 유전 현상. 색맹, 혈우병 등에서 볼 수 있다.
[**] 망막에 색을 감지하는 세포가 존재하지만 녹색에 대한 감수능력이 떨어져 구별이 곤란한 증상.

"진로를 바꾼 것보다 더 힘든 건 놀림감이 되는 거였어요. 친구들이 빨간색 볼펜과 파란색 볼펜을 들고 구별해 보라고 할 때는 부모님이 왜 나를 이렇게 낳았나 하는 생각까지 들었어요. 제 성격이 원래는 활달했는데 신체검사 스트레스 때문에 소심하게 변했어요."

김 씨는 대학 졸업 후 특수 경력직 공무원 시험을 준비했는데 "색맹·색약자는 지원할 수 없다"는 모집 요강을 보고 실의에 빠졌습니다. '이 땅에서는 나라를 위해 일하는 것도 허용되지 않는다'는 데까지 생각이 미치자 한동안 무기력감에서 헤어나지 못했습니다. 이렇게 해서 그는 전공과 무관하고 평소에 관심도 없던 호텔에서 일하게 됩니다. 왜? 거기서는 녹색약이든 적색약이든 상관하지 않았으니까요.

차량 운전에 청소까지 맡아도 한 달에 손에 쥐는 건 100만 원 안팎이었습니다. 김 씨는 대학 공부까지 시켜준 부모님께 보답하기 위해 다시 공무원 시험을 준비했습니다. 이번에는 소방직이었습니다. 평소 사회봉사에 관심이 많았던 그는 이따금씩 언론에 보도되는 소방직 공무원들의 사명감에 감동을 받았다고 합니다. 그러나 소방직도 색맹·색약자들을 지원 자격에서 제외하고 있었습니다. 이 무렵 김 씨가 어느 인터넷 카페에 쓴 글에서 절박했던 심정을 엿볼 수 있습니다. "불합리한 제도를 바꾸는 데 일조할 수 있다면 분신이라도 하겠다."

김 씨는 인터넷에서 수많은 색맹·색약자들을 만났습니다. 자신처럼 고통받는 사람이 적지 않다는 사실은 그에게 적지 않은 위안이 되었습니다. 김 씨는 인터넷을 통해 색맹·색약자들이 공무원 시험은 물론 일부 사기업 채용에서도 불이익을 받고 있다는 사실에 놀랐고, 이 같은 차별이 선진국에서는 거의 존재하지 않는다는 사실에 또 한 번 충격을 받았습니다. 이때부터 김 씨는 국민고충처리위원회, 노동부, 경찰청, 소방방재청, 중앙인사위원회 등에 색각 차별의 부당성을 지적하는 편지를 보냈지만 답변은 늘 같았습니다. "규정상 어쩔 수 없다." 지친 김 씨가 모 부처에 "이렇게 차별할 바엔 우리를 장애인으로 등록해 달라"고 요구했더니, "한 번 검토해 보겠다"는 회신이 온 적도 있었다고 합니다.

이 무렵 김 씨는 인터넷에서 실낱같은 희망을 발견했습니다. 바로 색각 이상자임에도 아무 문제 없이 근무하고 있는 소방직 공무원의 고백이었습니다. 김 씨는 이 글을 읽고 자신의 생각이 틀리지 않았음을 확인하고 잘못된 관행을 바로잡겠다는 결심을 굳혔습니다. 국가인권위에 진정서를 제출한 것도 그런 취지였습니다.

김 씨의 예측처럼 국가인권위 조사 과정에서 우리나라의 기준이 선진국과 상당한 차이가 있는 것으로 드러났습니다. 실례로 한국이 색각 이상자 전체를 제한하는 반면, 영국은 녹색약자들을 채용하고 있었으며, 미국도 색각 이상자들을 다양한 범주로 나누고 심할 경우에 한해 의사의 전문적인 판단에 맡기고 있었습니다. 결국 한국이 색각 이상자 모두에게 '차별'의 딱지를 붙인 데 비해, 선진국들은 색각 이상자들과 더불어 살 수 있는 길을 모색해 온 셈입니다.

선진국의 기준을 따르자면 김 씨는 매우 낮은 단계의 녹색약에 해당하고 공무원 채용에서 불이익을 당할 이유도 없습니다. 실제로 김 씨는 군 입대 신체검사에서 정상 판정을 받았습니다. 김 씨가 5년 넘게 자동차를 운전하면서 단 한 번도 법규에 걸리지 않은 점도 포괄적 제한의 문제점을 잘 보여줍니다. 김 씨가 결국 소방직 공무원 시험 신체검사까지 통과한 사실로 미루어, 우리나라의 색각 검사가 '그때그때 다른' 비과학적 기준임을 여실히 확인할 수 있습니다.

국가인권위는 경찰청장, 해양경찰청장, 소방방재청장에게 공무원 채용시 색각 이상자 모두를 배제하지 말 것과 색각 능력 측정을 위한 정확하고 다양한 검사 방법의 도입을 권고했습니다. 이에 대해 소방방재청은 녹색약에 대한 제한을 폐지하고 색각경 검사를 추가 도입하기로 결정했고, 해양경찰청은 항공과 항해 업무를 제외한 모든 직종의 업무 수행자를 대상으로 약한 수준의 색각 이상자에 대한 제한을 폐지하기로 했습니다. 또한 경찰청은 공무원 채용시 색각 이상자에 대한 차별을 개선하기로 했고, 법무부도 공무원 채용시 2단계로 색상 배열 검사를 실시하여 검사의 정확도를 높일 계획이라고 밝혔습니다.

외롭고도 긴 싸움이 결실을 맺을 무렵 김 씨는 천신만고 끝에 소방직 공무원 최종 시험에 합격했습니다. 그는 지금도 마지막 신체검사를 치르던 때의 가슴 졸이던 순간을 잊지 못한다고 말합니다.

"숫자는 보이는데 빨리 읽지 못하는 거예요. 이걸 읽으면 내 인생이 바뀌고 못 읽으면 끝이라고 생각하니 서글퍼지더군요. 심사관이 '통과'라고 말하는데 그게 무슨 의미인지도 모르고 다음 코스로 갔어요. 나중에 최종 검사표 보니까 '정상'이라는 직인이 찍혀 있더군요."

김 씨는 꿈에도 그리던 소방관이 됐고 결혼도 했습니다. 하지만 '색각 이상'이라는 딱지가 준 상처가 완전히 치유된 것은 아닙니다. 그는 아직도 아내에게 자신이 녹색약이라는 사실을 알리지 못하고 있다며 학창 시절 과학 시간에 배운 유전 법칙을 자세히 설명했습니다. 반성 유전의 법칙을 적용할 경우 자신이 딸을 낳으면 100퍼센트 색약 보인자***가 된다는 겁니다. 그는 색약 보인자였던 어머니가 평생 가슴에 품었던 짐을 누구보다 잘 알고 있기에 2세에게까지 정신적 고통을 물려주고 싶지 않다고 말합니다.

김 씨는 그런 어머니에게 공무원 합격 소식을 알려 드릴 수 있어서 무엇보다 기뻤다고 합니다. 최종 합격 소식을 알리자, "정말 고맙다"며 눈시울을 붉히던 어머니의 모습을 영원히 잊지 못할

*** 유전 형질이 나타나지 않고 잠재되어 있는 사람을 말한다.

것이라고 말합니다.

"남들이 보면 코미디 같은 얘기지만, 색각 이상자들에게는 눈물겨운 투쟁입니다. 무지와 편견이 이토록 많은 사람들의 운명을 가를 수 있다는 사실이 그저 기막힐 따름이죠. 어떤 특전사 하사관이 제대한 뒤에 경호업체에 지원했는데 색약이라는 이유로 떨어진 일이 있습니다. 최전방에서 실탄을 만지는 것은 괜찮고 경비실에서 가스총을 다루는 건 곤란하다는 건데, 사회 각 분야에서 이런 모순이 비일비재하게 일어나고 있어요."

김 씨는 고향에서 부모님을 모시며 살고 싶다고 합니다. 김 씨는 아주 가끔씩 '다른 나라에서 태어났더라면' 하는 상상을 해보곤 합니다. 아직까지도 기술자 또는 건축 디자이너의 삶을 포기한 아쉬움이 마음속 한 자리를 차지하고 있는 모양입니다. 하지만 그는 긴 세월의 상처를 더듬어오면서 절실히 깨달은 바가 있습니다. 그것은 바로 남들의 아픔을 자기의 아픔으로 여길 줄 아는 배려와 포용일 것입니다. 인터뷰 내내 자기보다는 다른 색각 이상자들을 염려하는 마음 씀씀이에서 그가 훌륭한 공무원이 될 것임을 짐작할 수 있었습니다.

누가 진짜 정신병자?

정신병원 인권 침해 진정인 김현아 씨

인권의 사각지대 가운데 가장 심각한 곳은 어디일까요? 아마도 정신병원이 아닐까 합니다. 정상적인 병원이라면 환자가 당연히 적절한 수준의 치료를 요구할 수 있습니다. 병원의 서비스가 미진하면 강력히 항의하거나 다른 곳으로 옮길 수 있습니다. 수시로 보호자가 드나들면서 도움을 줄 수도 있습니다. 정신병원도 병원인 만큼 마땅히 그래야겠지요.

하지만 자신의 생각을 자유롭게 얘기하지 못하는 사람들이 있습니다. 정해진 시간 외에는 병원 밖으로 나갈 수도 없고 보호자조차 찾아오지 않는 사람들이 있습니다. 말을 듣지 않는다고 폭력을 휘두르고 불법으로 가두기도 합니다. 일부 부도덕한 정신병원은 환자 수를 부풀려 세금을 챙기고 심지어 환자를 앞세워 자선 사업가처럼 꾸미기도 합니다.

보건복지부의 2011년 역학 조사에 따르면 우리나라 국민의 27.6퍼센트는 평생 한 번쯤 정신 질환을 앓습니다. 각종 정신 보건 시설에서 지내는 정신 질환자만 따져도 7만 명 가까이 됩니다. 정신병원 입원자 중 75.9퍼센트가 강제로 병원에 들어왔다는 통계에 이르면 가슴이 답답해집니다. 영국 13.5퍼센트, 프랑스 12.5퍼센트, 네덜란드 13.2퍼센트, 독일 17.7퍼센트, 이탈리아 12.1퍼센트 등 서유럽 국가들은 우리와 한참 다릅니다.

정신 장애인 문제에 대한 세계적 권위자인 브라이언 버드킨 전 호주인권위원은 정신 장애인에 대한 비장애인들의 편견이 인권 문제를 더 심각하게 만든다고 말합니다. 그에 따르면 "정신 장애인이 극소수"라는 생각은 무지의 소산이고, "정신 장애인이 위험하다"는 의견은 오해에서 비롯된 것이며, "한 번 정신 장애인이 되면 회복할 수 없다"는 주장은 사실에 근거하지 않습니다. 누구나 정신 장애인이 될 수 있고, 아무리 심각한 정신 장애를 갖고 있더라도 대개는 적절한 치료를 통해 정상적으로 생활할 수 있다는 게 그의 진단입니다. 그럼에도 많은 사람이 두려움과 미신에 사로잡혀 정신 장애인을 경계하고, 이것이 시설 입소와 연결돼 인권 침해가 발생한다는 설명입니다.

인권 선진국에서는 정신병원을 없애자는 운동이 활발하게 벌어지고 있습니다. 이탈리아가 대표적입니다. 호주나 미국에서는 정신 장애인 문제를 총체적으로 조사한 국가 보고서를 발간해 개선 방안을 마련했습니다. 그러나 우리나라에서는 여전히 정신병원이 '전가의 보도'처럼 활용되고 있습니다. 정신 장애인에 대한 편견을 깨뜨려야 할 언론이 정신 장애를 격리되어야 할 불치의 병으로 재단하는 일도 종종 벌어집니다. 이러한 환경에서는 아무리 정신병원을 개조한다고 해도 정신 장애인의 기본 권리가 보장되기는 어렵다고 할 것입니다.

국가인권위는 그동안 여러 정신병원의 기막힌 인권 침해 행위를 적발했습니다. 폭력, 가혹 행위, 강제 감금 환자, 성추행, 횡령 등 일부 정신병원의 행태는 상상을 뛰어넘었습니다. 정신병원의 인권 침해는 통제권 밖에서 은밀하게 이루어지기 때문에 국가적 차원에서 적극적으로 대처할 필요가 있습니다. 국가인권위가 정신 장애인 국가 보고서를 발간하는 것도 그런 이유입니다.

"정신병원이라면 진절머리가 나요. 거기도 사람 사는 곳인데, 어쩌면 그렇게 사람을 함부로 다루는지 도무지 이해가 안 돼요. 병을 치료하러 갔다가 오히려 병을 더 키운 꼴이 되고 말았어요."

2004년 봄과 가을 두 차례에 걸쳐 S정신병원에 입원했던 김현아(가명) 씨는 "그때 일을 다시 떠올리는 것만으로도 머리가 어지럽다"며 고통스럽게 이야기의 실타래를 풀어갔습니다. 두 시간 남짓 쉴 새 없이 쏟아지는 그의 얘기를 들으며, 정신병원이야말로 인권의 사각지대임을 새삼 느낄 수 있었습니다. '사실이 아니었으면' 하는 바람으로 몇 번씩 되물을 때마다 김 씨는 "더하면 더했지 모자라지 않는다"며 정신병원의 인권 유린을 폭로했습니다.

평소 숙면을 취하지 못하던 김 씨는 2003년 12월 첫아이를 낳으면서 극심한 불면증에 시달렸습니다. 아무리 잠을 자려고 노력해도 눈을 붙일 수 없었습니다. 설상가상으로 갓 태어난 아기를 돌보려니 신경은 더욱 예민해졌습니다. 김 씨가 오빠의 권유로 정신병원을 찾은 것은 불면증 때문이었습니다. '그냥 며칠 쉬면 괜찮아지겠지' 하는 생각으로 입원 수속을 밟았습니다. 아기를 낳은 지 불과 두 달이 지난 뒤였습니다.

그러나 김 씨는 환자복으로 갈아입자마자 보호실에 감금되었습니다. S병원에서 보호실은 최초 입원 환자들이 반드시 거쳐야 하는 곳으로 환자들은 이곳을 '창고'라고 불렀답니다. 병원 측은 환자를 진정시키기 위한 치료 과정이라고 말하지만, 환자들에겐 방치나 다름없는 격리 조치였습니다. 일단 창고에 갇히면 나올 때까지 얌전히 지내야 하는데, 답답한 마음에 큰소리로 떠들다가 손발과 가슴을 묶인 환자들도 있다고 합니다.

이틀 만에 '창고'에서 병실로 옮긴 김 씨는 좀처럼 편히 잠을 이루지 못했습니다. 한번은 새벽녘에 화장실에서 동료 환자와 잡담을 나누던 중 "예전에 S병원에서 환자가 사망했다는 소문"에 대해 동료 환자에게 물었다고 합니다. 이때 잡무 등을 처리하는 일

"나를 치유한 것은
병원이 아닌 집이었어요."

© 그림자

종의 도우미가 우연히 이들의 애기를 엿들었고, 곧이어 병원 직원들이 달려와 김 씨의 손발과 가슴을 묶었습니다. 이른바 '강박 조치'를 당한 것입니다. 김 씨는 꽉 조인 손발이 너무 아파 울면서 풀어달라고 애원했지만 그럴수록 강박 조치는 더욱 심해졌다고 합니다. 병원 측은 출산한 지 2개월밖에 되지 않은 김 씨의 양팔과 두 다리를 묶어 열십자 모양으로 고정시키고, 호흡이 곤란할 정도로 가슴을 압박했습니다. 김 씨는 2주 동안 모두 10회에 걸쳐 강박 및 보호실 격리 치료를 받았는데 40시간 이상 강박된 경우도 두 번이나 있었다고 합니다. 강박 사유는 주로 환자들의 수면을 방해할 정도로 떠든다는 거였습니다. 강박이 계속되다 보니 출산 이후 생긴 허리 통증이 재발했고 불면증은 더욱 악화됐습니다. 김 씨는 "한마디로 인간의 한계를 시험하는 것 같았다"고 당시의 상황을 털어놓았습니다.

　김 씨는 강박 조치가 풀리자 아기가 보고 싶어졌다고 합니다. 몸이 힘들더라도 아기와 함께 지낼 걸 괜히 입원했다는 생각도 들었다고 합니다. 그래서 병원 측에 아기를 보게 해달라고 부탁했지만, 병원　측은 "규정상 2주가 지나야만 가족을 만날 수 있다"는 말만 되풀이했습니다. 또 한번은 환자들이 만든 장미꽃을 보고 "엄마에게 달아드리고 싶다"는 말을 한 적이 있는데, 그 말을 들은 한 간호사는 "내년 어버이날까지 입원해 있다가 달아주라"며 김 씨에게 핀잔을 주었다고 합니다.

동병상련일까요? 동료 환자들의 고단한 삶이 김 씨의 눈에 들어오기 시작했습니다. 특별한 치료도 받지 못한 채 10년째 병원에 머물고 있는 사람, 목욕할 때마다 고무장갑을 낀 손으로 얻어맞아 온몸이 시퍼렇게 멍든 노인, 자식뻘 되는 직원에게 듣기 민망한 욕설을 듣고도 한마디 대꾸도 못하는 환자…… 김 씨는 이때부터 국가인권위에 진정할 계획을 세웠다고 합니다.

입원한 지 2주일이 지나 김 씨는 가족을 만났고 곧바로 퇴원했습니다. 2주일 만에 재회한 아기는 엄마 곁에서 떨어질 줄 몰랐습니다. 아기 키우는 재미에 빠지면서 김 씨는 정신병원의 공포를 차츰 잊어가고 있었습니다. 머릿속에서 정신병원의 기억을 아예 지워버리기 위해 가족에게도 병원에서 겪은 일을 입에 담지 않았습니다. 이런 이유로 가족은 병원에서 치료를 잘 받아서 김 씨의 몸이 좋아진 것으로 알았다고 합니다.

하지만 몇 달이 지나고 김 씨의 불면증이 재발하자, 가족은 또다시 김 씨의 입원을 서둘렀습니다. 김 씨는 죽기보다 싫은 정신병원이었으나 입원 말고는 달리 어찌 해볼 방법이 없어 가족의 결정을 따랐다고 합니다. 잠든 아기 곁에서 국가인권위에 보내는 장문의 편지를 쓴 것이 그 나름의 처절한 저항이었습니다.

"어떤 일이 벌어질지 뻔히 알면서 왜 또 그 병원으로 갔는지 남들은 이해하기 어려울 거예요. 입원이 최선이라고 생각하는 가족에게 모든 사실을 얘기하지도 못하고, 맥없이 억울해하는 내 모습에 화가 치민 거죠. 그래서 내가 비록 고통을 받더라도 병원의 문제점은 알려야겠다는 생각으로 편지를 쓴 겁니다."

두 번째 입원도 첫 번째와 똑같은 순서로 진행되었습니다. 김씨는 창고에 갇히자마자 "국가인권위에 진정하고 들어왔다"고 '폭탄선언'을 했습니다. 그러자 직원들은 김 씨의 몸을 더 팽팽하게 묶었다고 합니다. 창고에서 나온 뒤에는 다른 환자와 반장이 다투는 것을 참견하다가 또다시 사흘간 열십자로 강박을 당했습니다. 반장이 환자를 부당하게 몰아세우는 것을 보고 "이러면 안 된다"고 말참견을 한 것이 이유였습니다.

한편 국가인권위는 조사 과정에서 S정신병원의 인권 침해 사실을 확인하고 2005년 7월 지방 자치 단체장에게 철저한 관리 감독을, S정신병원 측에는 격리·강박 개선 방안 마련과 직원 인권 교육 실시 등을 권고했습니다.

2005년 가을 김 씨의 몸은 몰라보게 좋아져 있었습니다. S병원에서 퇴원한 뒤에는 통원 치료를 받으면서 약을 복용하고 있다고 했습니다. 10월 중순에는 병 치료 때문에 늦춰진 결혼식을 올렸습니다. 그의 결혼식에는 22개월 된 아들도 함께 했습니다.

"이런 게 사는 재미인가 싶어요."

김 씨는 자신의 몸을 회복시켜 준 곳은 '병원'이 아니라 '집'이라고 뼈 있는 말을 남겼습니다.

나이는 숫자에 불과하지 않다?

부당한 퇴사 조치에 항변한 정기헌 씨

언제부터인가 우리 주변에서는 '이태백' '사오정' '오륙도'라는 말이 유행하고 있습니다. '이태백'이 위험 수위까지 치달은 청년 실업을 풍자했다면, '사오정'과 '오륙도'는 중장년층이 가지는 퇴직의 불안감을 여실히 드러내고 있습니다. 경쟁과 효율의 논리가 사회 곳곳을 휩쓸고 있는 세태라지만, 한창 전문성을 발휘해야 할 일꾼들을 나이라는 획일적 잣대로 몰아내는 것은 꼼꼼히 되짚어 봐야 할 우울한 자화상이 아닐 수 없습니다. 나이 많다고 대접받던 시대가 막을 내린 지는 이미 오래전의 일입니다. 오늘의 우리 사회를 만들기 위해 청춘을 바친

■ 20대 태반이 백수, 45세가 되면 정년, 50대, 60대에도 직장을 다니고 있으면 '도둑'이라는 의미로, 실업의 심각성과 세대 간의 갈등을 보여주는 은어.

사람들에게 감사의 마음을 전하지는 못할망정, 모진 세파에 눈물마저 말라버린 그들에게 자괴감을 안겨줘서는 안 될 것입니다.

한국노동연구원이 2004년 펴낸 〈고령화 시대의 노동 시장과 고용 정책II〉 연구 보고서에 따르면 1997년 말부터 2002년까지 정리해고나 권고사직을 실시한 기업은 24.3퍼센트인 287곳으로 나타났습니다. 이들 기업에서 정리해고나 권고사직을 당한 근로자의 평균 연령은 49.2세, 근속 연수는 12.1년이었습니다. 또한 기업의 정리해고 및 권고사직 선정 기준(복수 응답)은 징계 49.1퍼센트, 색각 이상자 46.3퍼센트, 근속 연수 37.6퍼센트, 나이 36.6퍼센트, 성별 21.6퍼센트 등의 순이었습니다. 징계는 나름의 의미가 있는 기준이라고 볼 수도 있지만 근속 연수, 나이, 성별 등은 곰곰이 따져봐야 할 문제가 아닐까 합니다. 한 직장에 오래 다녔다면 그만큼 조직 기여도가 높다는 의미일 수 있고, 나이가 많다는 것은 사회 경험이 풍부하다는 반증일 수도 있습니다. 모두가 동의할 수 있는 합리적 기준을 찾는 게 어려운 일이라 하더라도 근속 연수와 나이를 갖고 차별하는 것은 납득하기 어렵습니다. 가족의 생계를 꾸려야 하는 사람들이라면, 그리고 뒤늦게 새로운 일을 시작하기가 쉽지 않은 사람들이라면, 오히려 더 많은 배려가 따라야 하지 않을까요?

정기헌 씨는 평생 은행에서 살아온 사람입니다. 1977년 대학 졸업과 동시에 외환은행에 입사한 이래 줄곧 한 직장에서만 근무했습니다. 다른 회사로 옮길 기회가 없었던 건 아니지만, 처음 선택한 회사에서 자신의 모든 것을 걸고 싶었다고 합니다. 정 씨의 이런 우직한 성격은 시골(경북 청송)에서 끼니조차 때우지 못하고 어렵게 자란 내력 때문이기도 합니다.

나이는 정 씨의 삶에 아주 미묘한 영향을 끼쳤습니다. 촌에서 자란 탓에 9세가 되어서야 초등학교에 입학했는데, 그 사연이 기구합니다. 동생이 형님보다 앞서 학교에 들어갈 수 없다는 집안의 관습 때문에 늦었던 거죠. 요즘 사람들이 들으면 그게 무슨 말도 안되는 소리냐고 웃겠지만, 1970년대까지만 해도 농촌에서는 서너 살 터울의 아이들이 한 학년에서 함께 어울리는 일이 흔했습니다.

법대에 진학하기 위해 1년간 재수를 하고 군대를 다녀오는 과정에서 다시 1년을 휴학한 정 씨는 동기생보다 한발 늦은 걸 따라잡기 위해 열심히 뛰었습니다. 그 결과 동료들보다 먼저 승진했고, 금융인이라면 누구나 부러워하는 지점장에 올랐습니다. 하지만 정 씨는 성과에 비해 낮은 평가를 받았다며 아쉬워합니다. "같은 조건일 경우 한 살이라도 젊은 사람을 우대하는 관행이 이따금씩 발목을 잡은 것 같다"는 말에서 그가 느낀 섭섭함이 잘 묻어납니다.

모범적인 직장인으로 살아가던 정 씨의 삶에 변고가 생긴 것은 외풍 때문이었습니다. 1997년 한국을 강타한 IMF 외환 위기는 금융권 전체를 뒤흔들었고, 가장 탄탄한 은행으로 평가받기도 했던 외환은행에도 구조 조정의 칼날이 다가왔습니다. 급기야 1980년 대까지만 해도 상상하기 어려웠던 국책 은행의 해외 매각이라는 극한적 상황을 맞았습니다. 하지만 정 씨는 급여가 대폭 삭감되는 와중에도 외환은행 직원이라는 자부심으로 꿋꿋이 버텼습니다.

IMF 후유증이 일파만파로 번져갈 무렵, 정 씨도 차츰 평생직장의 꿈을 접고 있었습니다. 거침없이 몰아치는 구조 조정의 태풍 앞에서 누구든 안전지대가 없을 거라 예견한 것입니다. 그러나 그는 평생직장으로 여겼던 외환은행이 나름의 합리적 기준에 따라 장기 근속자들을 적절히 예우하리라 기대하며 마지막까지 최선을 다했습니다. 실제로 그의 근무 성과표에는 동급에서 비교적 우수한 실적을 쌓은 것으로 나와 있습니다.

열심히 뛰다보면 뭔가 결실이 있을 거라는 생각으로 유종의 미를 거두려 했던 정 씨는 예기치 못했던 방식으로 정든 직장과 이별했습니다. 지점장 시절, 정 씨의 지점은 경영 평가군 12곳 중에서 8등을 했지만, 유독 정 씨만이 '역직위 전보'** 발령을 받았습니다. 정 씨는 물론 동료들도 놀란 인사 조치였습니다. 이 무렵 외환은행 안팎에서 나돈 소문들을 추려보면, 인사 발령의 절대적 기준은 실적이 아니라 나이였다고 합니다. 정 씨처럼 1949년생 직원들을 단계적으로 줄여 은행의 몸집을 작게 만드는 게 외환은행

** 나이가 들어도 성과가 좋지 않으면 직위와 임금이 거꾸로 내려가는 제도. 현장에서는 해고의 전 단계 조치.

을 파격적 조건으로 인수한 외국계 자본의 경영 전략이었던 셈입니다.

"조직을 위해서 나가야 한다면 나갈 수도 있다고 생각했습니다. 하지만 내보내더라도 독일의 사례처럼 대안을 검토하면서 설득하는 단계가 필요한데, 하루아침에 무 자르듯이 내치는 모습을 보고 배신감이 들더군요. 조직 개편 과정에서 나이라는 변수를 감안할 수는 있다고 봤지만, 나이가 유일한 기준이라고 하니 동의할 수 없었습니다."

정 씨는 자신을 비롯한 1949년생 직원들에 대한 역직위 전보 발령이 명백한 차별 행위라고 생각했습니다. 그래서 줄기차게 외환은행을 상대로 인사 발령의 기준과 평가 결과를 공개하라고 요구했으나, 외환은행 측은 공개 답변을 거부한 채 "계속 버티면 퇴직금이 줄어든다"며 퇴사를 요구했습니다. 자신을 알아주지 않는 회사에 정나미가 떨어진 정 씨는 결국 2004년 11월, 28년간 몸담았던 회사를 떠났습니다.

몸이 부서질 때까지 일하고 싶었던 회사를 타의에 의해 그만둬야 했던 정 씨, 그는 비록 더 이상 은행원이 아니더라도 실추된 명예는 꼭 회복하고 싶었다고 합니다. 이는 자신의 정당한 권리를 되찾는 행동이자 또 다른 희생자를 막기 위한 결단이었습니다. 그래서 정 씨는 동료 직원 22명과 함께 2004년 10월 국가인권위에 진정을 냈습니다.

세상을 향해, 어퍼컷!

국가인권위는 2006년 3월 "업무 수행 능력, 근무 성과 등은 고려하지 않고 나이만을 기준으로 역직위 발령을 낸 것은 차별"이라는 결정을 내리고, 외환은행장에게 근로자의 나이만을 근거로 전보 발령을 하지 않도록 제도 개선을 권고했습니다. 국가인권위 권고가 나왔지만 정 씨는 직장으로 돌아갈 수 없습니다. 임금 차액도 당장 보상받지 못합니다. 그럼에도 국가 기관이 공식적으로 차별을 선언해 준 것이 정 씨에겐 무엇과도 바꿀 수 없는 큰 기쁨이라고 합니다.

어느덧 50대 후반이 된 정 씨는 부동산 중개업에 재미를 붙이고 있습니다. 새로 마련한 사무실에서 만난 정 씨는 매우 여유로워 보였습니다. 하지만 20여 년 넘게 익힌 국제 금융에 관한 풍부한 지식과 경험을 제대로 살려보지 못하고 떠밀리듯이 제2의 인생을 살아가는 정 씨의 모습은 일면 안타깝게 느껴졌습니다.

과연 외국계 자본이 한국에서 펼쳐 보인 글로벌 스탠더드***는 이 정도 그림밖에 그릴 수 없는 것일까요? 노동 시간과 일자리를 나누고 고령 인력을 효과적으로 재배치하며 청년과 노인이 함께 살아가자고 부르짖는 서유럽의 모델은 정녕 이상으로만 존재하는 것일까요?

선진 경영을 천명한 '외국계' 외환은행은 출범 6년 만인 2006

*** 미래의 기업 활동은 국제적 표준을 갖춰야 한다는 의미에서 출발한 개념. 주주의 권리, 회계와 의사 결정의 투명성, 사원 개인의 책임 등이 중요한 요소로 여겨진다.

년을 고비로 불미스러운 소문들을 봇물처럼 쏟아내기 시작했습니다. 최근엔 주가 조작 논란으로 법정 소송을 벌이며 새 주인을 찾아 표류하고 있습니다. 정 씨는 외환은행 사태 얘기가 나오자 조직 안에서 들여다본 문제점을 조심스럽게 털어놓았습니다. 사필귀정이라는 말은 이럴 때 쓰는 게 아닐까 싶습니다.

"굴욕적 매각을 외자 유치라고 홍보할 때부터 언젠가는 큰 난리가 터질 거라고 봤어요. 그냥 두면 잘 수습될 수 있었던 은행을 '보이지 않는 손'이 쥐고 흔들었다고 생각합니다. 외환은행에 애착도 없는 사람을 낙하산으로 내려 보내 특정한 목적만을 수행하는 상황에서 몰락은 숙명적인 길이었습니다."

내가 '트루먼 쇼'의 주인공?

사생활 침해 진정인 송웅달 씨

헌법 제17조는 사생활의 비밀과 자유를 명시하고 있습니다. 그러나 최근 우리 사회 곳곳에서 벌어지고 있는 사생활 침해의 실태는 헌법의 권위를 무색하게 만듭니다. '알 권리'라는 이름으로 개인의 일거수일투족이 실시간으로 노출되는가 하면, 눈 깜짝할 사이에 수백만 명의 신용 정보가 유출되는 일이 허다합니다. 더욱 심각한 것은 국민의 사생활 보호에 적극적으로 나서야 할 국가 기관마저도 효율과 통제의 논리를 내세워 개인 정보를 과도하게 수집·관리·이용하고 있는 현실입니다.

2003년 초의 일입니다. 참여 정부 초대 교육부 총리는 전국의 학부모 대표들이 모인 자리에서 "집에서 아이들의 학교 생활을 모두 알 수 있도록 하겠다"며 NEIS(교육행정정보시스템) 도입 의지를 밝혔습니다. 이를 계기로 교육부는 각급 학교에 NEIS 구축을 서둘렀고 국가인권위가 반대 의견을 밝히면서 언론과 시민 사회를 중심으로 개인 정보 보호 논쟁이 치열하게 빌어졌습니다.

성보화 사회의 효율성 관점에서 NEIS는 분명 유용성이 있습니다. 교육에 관한 수많은 자료를 컴퓨터 시스템으로 연결해 한눈에 확인한다는 발상은 참신해 보이기도 합니다. 여기서 놓치지 말아야 할 포인트가 있습니다. 개인의 정보가 다른 누군가에 의해 수집되고 활용되기 위해서는 반드시 동의가 필요하다는 사실입니다. 학생, 교사, 심지어 졸업생 개인 정보까지 망라한 시스템이 자칫 해커 등에 의해 유출되기라도 한다면 그 혼란은 상상을 초월하는 것입니다.

NEIS 초기 매뉴얼에 따르면 개인의 프라이버시라 할 수 있는 보건, 교무·학사, 입학·진학, 교원 인사 기록까지 모두 입력하게 되어 있습니다. 극단적으로 말하자면 어떤 학생이 어떤 질환을 앓았는지, 어느 교사의 인사 고과 내용이 어떠한지에 관한 사항까지 모니터로 확인하고 출력할 수 있는 시스템입니다. 이러한 이유로 국가인권위는 NEIS의 사생활 침해 가능성을 언급하고 일부 민감한 항목을 입력하지 말아야 한다고 교육부에 권고한 것입니다.

이 대목에서 참여 정부 초대 교육부총리가 언급한 NEIS의 유용성에 대해 한번 곱씹어볼 필요가 있습니다. 우리는 무슨 이유로 아이들의 학교생활을 안방에서 확인해야만 하는 것일까요? 우리나라 학부모들의 교육열이 세계 최고 수준이라는 점을 감안하더라도 이건 좀 지나치다는 생각을 하지 않을 수 없습니다. 우리보다 교육 프로그램이 앞선 선진국에서도 생각하기 어려운 일입니다. 교육당국은 최첨단 시스템 구축과 다양한 개인 정보 수집에 앞서 우리나라 교육을 황폐하게 만든 요인을 차근차근 따져 봐야 할 것입니다.

2002년 7월. 국가인권위는 출범 이후 처음으로 개인 정보 침해 사건에 대한 결정을 발표했습니다. "국민건강보험공단이 정신과 진료 경험이 있는 사람들의 명단을 경찰청에 제공하고, 경찰청이 이를 수시 적성 검사" 대상자 선정에 이용한 행위는 위법이며, 사생활 침해"라고 결론지은 것입니다. 국가인권위의 권고에 따라 경찰청이 수시 적성 검사를 중지하고 관련 자료를 삭제하기에 이른 이 사건은, 사생활 보호에 상대적으로 덜 민감했던 우리 사회에서 프라이버시권이 중요한 인권 현안으로 떠오르는 계기가 되었습니다. 한국정신보건가족협회 송웅달 회장이 바로 이 문제를 국가인권위에 진정한 사람입니다.

경찰청은 2001년 11월과 2002년 3월 두 차례에 걸쳐 국민건강

■ 안전 운행에 문제가 있다고 판단되는 사람들의 운전면허 제한이나 취소를 위해 실시하는 적성 검사.

보험공단에 수시 적성 검사자 명단을 요청했습니다. 그러자 국민건강보험공단은 경찰청이 제시한 기준(1998년 10월부터 2001년 12월까지 38개월 동안 특수상병**인 알츠하이머병에서의 치매와 정신분열증, 총 투약일수 180일 이상인 사람)에 따라 1만 3,328명에 대한 전산 정보(이름, 주민등록번호, 주소, 병명, 질환 판정일, 치료 기관, 치료 시작일, 치료 종료일)를 제공했습니다. 또한 경찰청은 이렇게 넘겨받은 자료를 운전면허 수시 적성 검사에 활용했습니다.

여기서 짚고 넘어갈 몇 가지 문제가 있습니다. 〈공공기관의 개인정보보호에 관한 법률〉 제10조는 "개인 정보의 보유 목적 외의 목적으로 처리 정보를 이용하거나 다른 기관에 제공해서는 안 된다"고 규정하고 있습니다. 따라서 자료를 제공한 국민건강보험공단과 자료를 이용한 경찰청은 실정법을 위반한 셈입니다. 또한 경찰청은 객관적 검증도 없이 현재의 상태가 아닌 과거의 병력에 따라 일률적으로 수시 적성 검사 대상자 기준을 정함으로써 도로교통법까지 위반했습니다. 동법 제70조 제1항은 수시 적성 검사 대상자의 범위를 "인정할 만한 상당한 이유가 있는 경우"로 적시하고 있기 때문입니다.

경찰청의 지침에 따라 각 운전면허 시험장은 수시 적성 검사 대상자에게 우편물을 발송했고, 우편물을 받은 대상자 또는 대상자

━━ ■ 정신과, 산부인과, 비뇨기과 등 남에게 보이기 힘든 병.

세상을 향해, 어퍼컷!

의 가족들은 정신 질환자 관련 단체인 한국정신보건가족협회에 전화를 걸어 사생활 침해를 호소하기 시작했습니다. 가족들 모르게 정신과 치료를 받던 사람은 "내가 정신병자라는 소문이 퍼지면서 가정 파탄의 위기를 맞았다"고 털어놓았고, 정신과 의사들은 "환자들이 '왜 치료 사실을 외부에 공개했느냐'고 항의하고 있으니 대책을 세우라"고 촉구했습니다. 이 과정에서 정신 질환자에 대한 우리 사회의 뿌리 깊은 차별 의식도 여실히 드러났습니다. 실례로 대기업 K사에서 근무하던 사람은 "정신과 처방약을 먹는다는 사실이 전 직원에 알려져 퇴직할 수밖에 없었다"고 말했고, 또 다른 치료자는 "수시 적성 검사 우편물이 이웃에 공개되어 이사를 가야 할 처지"라고 밝혔습니다.

수시 적성 검사로 인한 부작용이 일파만파로 커지자 송웅달 회장은 곧바로 이에 대한 법률적 검토를 거친 뒤 피해자 14인과 함께 국가인권위에 진정을 접수했습니다. 송 회장은 젊은 시절 보험 감독원 직원으로서 감사원에 파견 근무를 한 적이 있어서 법률 해석에 남다른 자신감을 갖고 있었다고 합니다. 그가 정신 질환자들의 얘기를 처음 듣는 순간부터 '과도한 공권력의 폐해'라는 확신을 가질 수 있었던 것도 그런 이유입니다.

송 회장의 진정에 대해 국가인권위는 신속히 조사에 착수해 경찰청과 국민건강보험공단의 위법 사실을 확인했습니다. 곧이어 경찰청에 국민건강보험공단으로부터 넘겨받은 자료 파일의 삭제

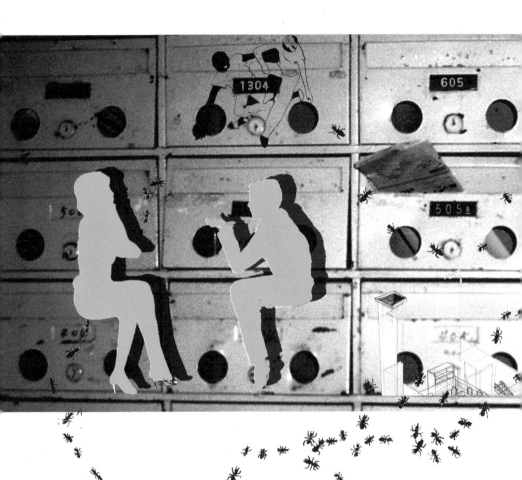

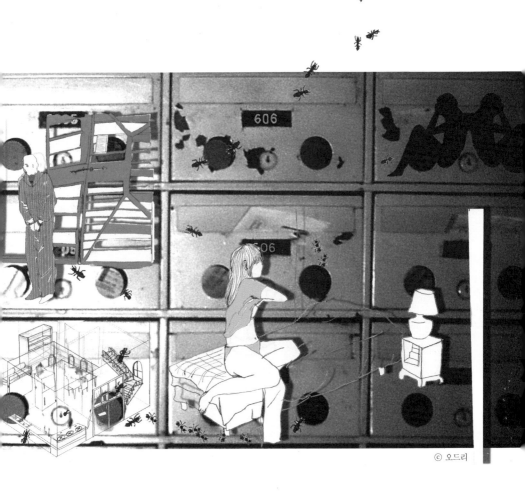

606

© 오드리

를 권고하는 한편, 해당 자료를 활용한 수시적성검사의 중단을 요청했습니다. 이와 같은 인권위의 권고는 그대로 정책에 반영돼 민감한 개인 정보가 무단으로 유출되는 관행이 사라지게 됐습니다. 또한 국가인권위는 수시적성검사의 법적 근거가 될 수도 있었던 도로교통법시행령 개정안에 대해 제동을 걸어, 경찰청이 관련 조항을 삭제하기에 이르렀습니다. 송 회장의 세심한 관찰과 남다른 안목이 수만 명의 개인정보가 유출되는 것을 막아낸 것입니다.

서양에서는 개인정보가 중요한 권리 중 하나인 반면, 우리나라에서는 상대적으로 가볍게 여겨지는 경우가 적지 않습니다. 관행적으로 주민등록번호를 요구하는 행위나 개인의 사적인 영역을 과도하게 감시하는 행위는 반드시 개선돼야 합니다. 또한 국가 기관의 개인정보관리는 실수가 생길 경우 후유증이 심각하다는 점에서 더욱 철저하게 이루어져야 합니다. 송 회장처럼 개인 정보 문제에 민감하게 대응하는 사람들이 많아질수록 프라이버시권은 한층 더 효과적으로 보장될 수 있을 것입니다.

송 회장이 이번 사건을 중요하게 여긴 것은 국가 기관의 불법 행위와 더불어 정신 질환자에 대한 고질적인 편견입니다. 그에 따르면 현대 사회에서 정신 질환은 아주 일상적인 일입니다. 실제로 2004년 보건복지부 통계에 따르면 18세 이상 64세 미만 국민의 14.4퍼센트(466만 명)가 정신 질환으로 발전할 수 있는 증상을 갖고 있습니다. 사회가 복잡해질수록 정신 질환자는 증가할 수밖에 없다는 점까지 감안하면, 머지않은 미래에 정신 질환은 감기처럼 흔한 질병이 될 수도 있다는 뜻입니다.

"선진국에서는 정신 질환을 앓고 있다는 사실을 공개적으로 밝히고 중요한 일을 하는 사람들도 많아요. 하지만 우리는 정신 질환자를 하나의 인격체로 간주하지도 않을뿐더러 끊임없이 차별하고 있습니다. 이것이 바로 우리 사회가 건강하지 못하다는 단적인 증거라고 생각합니다."

대부분의 사람들처럼 정신 질환에 문외한이었던 송 회장은 17년 전 아들이 불의의 사고를 당하면서 새로운 삶을 살게 되었다고 합니다. 고등학교 1학년이던 아들은 신발을 신고 음악실에 들어갔다는 이유로 선생님에게 야구 방망이로 서른 대를 얻어맞고 실신한 뒤 대인공포증과 불면증을 앓기 시작했습니다. 충격적인 소식 앞에서 어머니는 교사직을 내던지고 아들 뒷바라지에 나섰고, 아버지는 고심 끝에 원망스러운 선생을 용서하고 성직자의 길로 들어섰습니다. 아들이 장애를 극복하고 복음 성가 가수로 활동하는 걸 보면서 자신도 정신 질환자들에게 뭔가 도움이 되는 일을 하고 싶었다고 합니다. 그는 요즘도 정신과 진료를 받는 가족들을 위한 교회(아름다운교회)의 담임 목사로 일하고 있습니다.

2007년 봄, 힘들게 살아온 아들이 아버지를 남겨두고 먼저 세상을 떠났을 때, 아버지는 하느님 품에 먼저 안긴 아들을 위해서라도 더 열심히 살 것을 다짐했다고 합니다.

시흥시립도서관 인격권 침해 진정인 김희중 씨

장면 하나. 2002년 대통령 선거와 2007년 대통령 선거의 여러 가지 차이점 중 하나가 인터넷의 영향력 감소였습니다. 여러 가지 이유가 있지만 공직선거법의 영향도 무시할 수 없을 듯합니다. 공직선거법은 "선거 운동 기간중에 인터넷 언론사는 모든 게시판, 대화방에 이용자의 실명을 확인할 수 있는 기술적 조치를 취해야만 한다"고 명시한 것입니다. 이에 따라 대부분의 인터넷 언론사는 주민등록번호를 입력한 사람에 한해 글쓰기 권한을 부여하게 된 거죠. 정보 인권 단체에서는 이른바 '인터넷 실명제'가 표현의 자유를 억압하는 반인권적 악법이라고 규탄했으나, 일부 언론에서는 인터넷상의 명예훼손을 예

세상을 향해, 어퍼컷!

방하는 효과가 있다고 평가하기도 했습니다.

장면 둘. 2008년 현재 우리나라에 보급된 CCTV는 무려 250만 대, 공공 기관에 설치된 것만도 13만 대로 추정됩니다. 치안, 안전, 도난 방지 등 CCTV 설치의 목적은 다양합니다. 서울 강남의 주택가 주민들은 CCTV가 도움이 될 것이라고 말합니다. 반면 상가 지역 사람들은 영업에 지장을 준다고 아우성입니다. 학교에서도 폭력 방지를 위해 필요하다고 주장합니다. 목욕탕과 탈의실에도 CCTV가 등장하고 있습니다. 본인도 모르게 사생활이 노출되는 현상을 어디까지 허용해야 할까요? 분명한 건 우리사회가 프라이버시권 문제에 대해 둔감하다는 사실입니다. 서구 사회의 기준으로 보자면 '난리'가 날 일들이 거의 날마다 벌어지고 있으니까요.

2003년 11월의 어느 토요일. 사법 시험 준비생 김희중 씨는 여느 때처럼 시흥시립도서관을 찾았다가 깜짝 놀랐습니다. 평소 좌석표를 나눠주던 도서관 직원은 보이지 않고, 대신 무인 좌석 발급기가 놓여 있었던 것입니다. 도난 사고 등을 이유로 2003년 2월 열람실 내부에 설치한 CCTV에 대해서도 할 말이 많았던 김 씨는, "모든 열람실 이용자는 주민등록번호를 입력한 뒤 좌석표를 받으라"는 안내 문구와 "좌석표를 3회 반납하지 않을 경우, 도서관 이용을 불허한다"는 대목에서 분노를 느꼈습니다.

김 씨는 시흥시립도서관 인터넷 사이트에 무인 좌석 발급기 설치에 따르는 문제점을 조목조목 지적하는 글을 올렸습니다. 아무런 법률적 근거도 없이 기계가 도입되었으며, 도서관 이용자에게 주민등록번호 입력을 강요하는 것은 인격권 침해라는 것이 그의 주장이었습니다. 그러나 김 씨의 문제 제기에 대해 도서관 측은 아무런 답변도 내놓지 않았습니다. 이에 김 씨는 새로운 시스템이 본격적으로 시행되기 전에 문제를 해결하고자 도서관에서 벌어진 일을 원고로 정리해 한겨레신문사에 보냈고, 그의 주장이 신문에 실리면서 상황은 새로운 국면으로 접어들었습니다.

언론 보도는 도서관 측을 공개 논쟁의 자리로 끌어들이는 구실을 했습니다. 그러나 도서관 측은 문제의 핵심을 비켜가며 무인 좌석 발급기 도입의 필요성을 강조할 뿐이었습니다. 열람실 이용자들의 좌석 맡아두기, 1인 2좌석 이상 사용 관행, 일부 사용자의 좌석 낙서, 좌석 이용의 편중 현상 등은 도서관 측이 공개한 기존 방식의 문제점이었습니다. 이에 대해 김 씨는 "중요한 것은 규제가 아니라 자율"이라며, 의견 수렴도 거치지 않은 채 밀어붙인 도서관의 행위를 비판했습니다. 이 과정에 경기도 시흥시의 한 지역신문이 도서관 출입 논란을 보도했고, 사태는 감정싸움 양상으로 치달았습니다.

"어느 날 갑자기 제 글이 게시판에서 사라지고 정체불명의 인신 공격성 글이 등장했어요. 이런 조치에 굴복할 수 없다고 생각했습니다."

김 씨는 자신의 주장과 신문 기사를 담은 유인물을 만들어서 도서관 이용자들에게 배포했습니다. 그러자 시흥시립도서관 인터넷 게시판에는 "김 씨가 시민들을 선동하고 있다"는 글이 등장했습니다. 결국 김 씨는 도서관 안에서의 싸움이 벽에 부딪혔음을 느끼고, 도서관 밖에서 제도적인 해결 방법을 모색하기 시작했습니다. 가장 먼저 시흥시청에 민원을 접수했는데 시청의 답변은 황당했습니다. 영국이나 프랑스에서는 도서관 출입시 몸수색까지 한다는 내용이 들어 있었던 것입니다. 김 씨가 청와대에 민원을 넣자 얼마 후 경기도청에서 만나고 싶다는 전화가 오기도 했습니다. 그러나 실제로는 아무도 찾아오지 않았습니다. 다음은 감사원. 이번에도 소관 업무가 아니라는 답변이었습니다. 이어서 찾은 곳이 국민고충처리위원회. 김 씨는 이곳에서 "국가인권위에 연락해 보라"는 답변을 들었다고 합니다.

국가인권위가 조사에 착수하면서 상황은 달라졌습니다. 시흥시립도서관은 사생활 침해 논란이 있던 CCTV의 촬영 방향을 열람실 내부에서 출입구 쪽으로 바꿨고, 방문객에게 쉽게 목격되던 모니터 화면도 가림막을 이용해 차단했습니다. 또한 무인 좌석 발급기를 거부하는 도서관 이용자들이 기존의 방식으로도 출입할 수 있도록 조치했습니다. 그리고 김 씨의 글을 삭제한 사건과 관련, 홈페이지 운영상의 미비점에 대해 공개 사과하고 향후 홈페이지 개편시 개선하겠다는 약속까지 했습니다.

언뜻 보면 김 씨의 주장이 대부분 수용된 것으로 보입니다. 그러나 김 씨의 생각은 다릅니다. 도서관 측이 주민등록번호를 입력하는 방식과 기존의 방식대로 열람증을 교부받는 방식을 병행하겠다고 밝혔지만, 현실적으로 기존의 방식을 택하는 사람들은 불편을 감수할 수밖에 없기 때문입니다. 실세로 김 씨와 함께 시흥시립도서관을 찾아갔을 때도 그러한 문제점을 확인할 수 있었습니다. 김 씨가 도서관에 들어가고 싶다고 말하자, 직원은 자동 응답기처럼 "발급기에 주민번호를 입력하라"고 말했습니다. 김 씨가 "주민등록번호를 누르지 않고 열람표를 받고 싶다"고 말하자, 직원은 의아스럽다는 표정을 지으며 모니터상에서 임의로 자리를 지정했습니다. 김 씨가 다시 "직접 자리를 고르고 싶다"고 하자, 첫 번째 열람표를 폐기하고 좌석 배치도가 그려진 모니터 화면을 띄웠습니다.

"이건 '눈 가리고 아웅'하는 격입니다. 주민등록번호를 누르지 않으려거든 불편을 감수하라는 식이잖아요. 도서관이 시민들의 편의 시설이라면 시민의 처지에서 이 문제를 바라보는 발상의 전환이 필요합니다. 만일 모니터에다 '주민등록번호를 누르는 것은 당신의 자유입니다'라고 써놓고 자유롭게 선택하게 한다면, 과연 몇 사람이나 자신의 개인 정보를 노출할까요?"

국가인권위는 2004년 7월 김 씨의 진정에 대해 "시흥시립도서관이 표현의 자유와 인격권을 침해했다"고 판단하고, 시흥시장에게 관련 공무원에 대한 주의 조치를 권고하는 한편, 시흥시립도서관장에게 직원 인권 교육 실시 및 재발 방지 대책 수립 등을 권고했습니다. 국가인권위의 결정이 언론에 공개되자, 김 씨는 지인들로부터 많은 축하 인사를 받았습니다. 그러나 그는 "이제부터 시작"이라며 다시금 각오를 다졌습니다. 그는 다른 대학에서도 비슷한 일이 벌어졌음을 알고, 직접 피해자에게 전화를 걸어 자신의 경험을 알려주기도 했습니다. 김 씨는 전국의 모든 공공 도서관에서 개인 정보 보호 시스템이 정착되기를 기대하고 있습니다.

김 씨의 생각처럼 공공 도서관의 개인 정보 침해 실태는 비단 시흥시만의 문제가 아니었습니다. 이 같은 사실은 국가인권위가 2004년 7월부터 2005년 2월까지 전국 21개 공공 도서관을 대상으로 실시한 직권 조사 ▪에서도 확인됐습니다. 국가인권위는 조사 결과를 토대로 각급 도서관에 무인 좌석 발급기 이용에 있어 주민 등록번호를 입력하는 관행에 대한 대체 방안 실시 및 도서관 이용자의 PC 화면을 관리자가 임의로 모니터링하는 행위의 중지 등을 권고했습니다. 이후 우리나라 도서관에서는 개인 정보를 다른 차원에서 바라보는 분위기가 싹트고 있습니다. 한 알의 홀씨가 광야를 불사르듯 김 씨의 작은 문제 제기가 수많은 사람들의 소중한 인권을 지켜준 셈입니다.

▪ 국가인권위원회법상 보장된 인권위의 조사 권한. 이에 따르면 인권위 진정이 없더라도 인권 침해나 차별 행위로 볼 만한 상당한 근거가 있고 그 사안이 중대할 경우 직권으로 조사할 수 있다.

이쯤에서 다시 한번 인터넷 실명제 문제를 생각해 봅니다. 네티즌의 악성 댓글을 차단하기 위해 도입된 '인터넷 실명제'는 실제로 어떤 효과가 있었을까요? 일부 자료를 보면 눈에 띄는 변화를 가져오지는 못한 것 같습니다. 실제로 포털 사이트 '네이버'에서 실명제 실시 전후로 댓글을 조사한 결과 그 차이는 미미했다고 합니다. 악플 공격을 받는 연예인들은 여전하고, 보통 사람들의 프라이버시 노출도 갈수록 심각해지고 있습니다. 결국 네티즌들의 자율적인 자정 운동과 인터넷 예절만이 문제의 해법인지도 모릅니다. 나라의 품격이 비단 경제 성장으로만 높아지는 게 아니듯이, 인터넷 강국이라는 위상도 네티즌의 품격과 함께 상승하는 게 아닐까 합니다.

3박 4일 후의 기나긴 악몽

검찰 조사받고 중증 환자가 된 최수영 씨

강력 범죄가 발생할 때마다 국가인권위는 바빠집니다. 국민들의 전화가 폭주하기 때문입니다. 그 중에는 큰소리로 항의하는 분들도 보입니다. 요지는 인권위가 피의자 인권을 너무 강조하다 보니 수사 기관이 강력범들을 단호하게 다루지 못한다는 얘기입니다. 과연 그럴까요?

최근 발생한 안양 어린이 유괴 살해 사건과 일산 초등학생 납치 사건에 대한 국민들의 분노가 뜨겁습니다. 일부 언론에서는 체포된 피의자들의 얼굴을 공개하지 않는 것이 인권위의 권고 때문이라고 보도했습니다. 또한 인권위에 전화를 걸어온 시민들 중에는 이러한 보도에 대해 인권위가 피의자 인권만 보호하는 게 아니냐고 비판하기도 했습니다.

여기에서 한 가지 짚고 넘어갈 점이 있습니다. 우선 피의자라 해도 형이 확정될 때까지는 무죄 추정의 원칙에 따라 보호돼야 합니다. 우리 헌법도 적법 절차에 따른 처리를 명시하고 있습니다. 즉 피의자의 기본권을 과도하게 제한할 수 없다고 규정한 것입니다.

국민들 처지에서 볼 때 사회적으로 물의를 일으킨 흉악범의 얼굴을 모자와 마스크로 가리는 것이 분통 터질 일일 수도 있겠지만, 피의자에 대한 처벌 절차는 국민 정서가 아니라 법에 따라 진행되어야 할 것입니다.

사실 10여 년 전만 해도 언론이나 사법 기관은 피의자의 초상권을 그다지 중요하게 여기지 않았습니다. 형이 확정되지 않았는데도 실명으로 보도하는가 하면 증거가 불충분한 피의 사실을 실시간 중계하기도 했습니다. 하지만 시간이 지나면서 이 같은 관행은 점차 사라지고 있습니다. 언론사나 사법 기관이 소송에 휘말린 것도 하나의 원인이지만, 그보다는 사회 변화와 함께 국민 전체의 인권 의식이 향상되었기 때문일 것입니다. 즉 피의자라 해도 함부로 다루거나 인권을 침해해서는 안 된다는 인식이 널리 확산된 것이죠.

수사와 재판도 사람이 하는 일이라 100퍼센트 완벽하다고 말할 수는 없습니다. 과거 권위주의 시대엔 무고한 사람들을 재판이 끝난 지 하루 만에 형장의 이슬로 떠나보낸 예도 있었습니다. 만일 어떤 억울한 피의자가 고문과 가혹 행위에 못 이겨 죄를 자백한 뒤, 뒤늦게 진술을 번복해 무죄 판결을 받았다고 가정해 봅시다. 설사 이 사람이 최종적으로 결백을 입증했더라도 신체적·정신적 고통에서 벗어났다고 말할 수는 없을 듯합니다.

최수영(가명) 씨의 사례는 피의자 인권 보호가 왜 중요한지 잘 보여줍니다. 최 씨는 한때 기업에서 잘나가는 임원이었으나 검찰 수사관들에게 연행되어 구타와 가혹 행위를 당하면서 치명적인 상처를 입었습니다. 검찰은 최 씨를 3박 4일간 불법 감금한 채 조사를 벌였습니다. 최 씨는 조사 과정에서 갈비뼈 두 개가 부러졌고, 4개월 뒤에는 뇌출혈을 일으켜 평생 치료받아야 하는 환자가 되었습니다.

과학 수사가 발달하지 않은 한국의 현실에서 자백은 널리 사용되는 수사 방법입니다. 하지만 자백이 유용한 수사 기법이라 해도 어디까지나 방법이 적당할 때 허용되어야 합니다. 본인의 의사에 반하는 진술을 받아내기 위해 폭력을 가하는 것은 그 자체가 또 하나의 범죄이며, 그렇게 작성된 자백은 증거로서의 효력도 없습니다. 최 씨는 아직까지도 3박 4일 동안 검찰에서 보낸 시간을 악몽처럼 떠올리고 있습니다.

"이대로 죽는구나 하는 생각이 들었습니다. 새파랗게 어린 수사관들이 쌍욕을 해대면서 모욕을 주더군요. 이틀째부터는 저를 꿇어앉혀 놓고 뒤꿈치를 밟고 왼쪽 가슴을 때렸습니다. 제가 넘어

지니까 갈비뼈를 발로 밟았는데 그때부터 숨을 쉴 수가 없었습니다. 복사용지를 목구멍에 밀어 넣고 피가 날 때까지 돌리는데 지옥이 따로 없더군요."

최 씨의 고통은 검찰에서 풀려난 뒤에도 계속되었습니다. 뇌출혈 이후부터는 기억력이 현격히 떨어져 지하철에서 응급 환자로 후송되기도 했습니다. 외출할 때는 반드시 보호자가 따라붙어야 했고, 항상 비상약을 준비하고 움직여야 했습니다. 자동차 운전도 못하고 목욕탕 온탕에도 들어가지 못하는 그의 모습에서 과거 기업 임원의 모습을 찾기는 어려웠습니다. 자연히 일자리를 찾지 못한 채 집에서 눈칫밥을 먹는 신세가 되고 말았습니다.

"검사처럼 생긴 사람을 보는 게 두려웠습니다. 오죽했으면 혼기가 찬 딸에게 '검사는 사귀지도 말고 집 근처에 데려오지도 말라'고 얘기했겠습니까. 가끔씩 그때 생각이 나면 가슴이 뛰고 죽을 것만 같습니다. 멀쩡하게 잘 살던 제가 왜 이런 일을 당해야 하는 겁니까?"

최 씨는 사건이 벌어진 지 4년이 지나서야 국가인권위에 진정서를 제출했습니다. 진정이 늦은 이유에 대해 병원 치료를 받다 보니 아무런 생각도 나지 않았다고 말했습니다. 신경외과에서 뇌수술까지 받고 나니 주변 사람들이 "왜 이렇게 가만히 참고 있느냐? 그렇게 억울하고 분하면 명예를 회복해야 하지 않느냐"라고 얘기해 주었답니다.

국가인권위가 이 사건을 조사하는 데만 1년이 걸렸습니다. 검찰 관계자들은 최 씨의 진정 내용을 부인했고, 인권위는 모든 사실을 하나씩 확인해야 했습니다. 그리고 2006년 6월 적법 절차를 어기고 최 씨에게 가혹 행위를 가한 검사와 수사관 2명을 검찰총장에게 고발 조치했습니다. 또한 인권위는 대한변호사협회에 최 씨에 대한 법률 구조를 요청해 최 씨가 민형사상의 소송을 진행할 수 있도록 간접 지원했습니다.

인권위의 고발 조치가 결정된 날, 최 씨는 잠시나마 오래전 기업 임원의 얼굴로 돌아갈 수 있었습니다. 보통 사람들이 당연하게 여기는 상식과 합리를 그는 몇 년이 지나서야 그것도 온몸에 상처를 입고서야 맛볼 수 있었습니다.

검찰을 상대로 한 소송에서 1심 재판부는 검사와 검찰 수사관의 가혹 행위와 독직 폭행을 인정했습니다. 하지만 수사를 지휘한 검사에게 선고유예 판결을 내리는 데 그쳤습니다. "가혹행위의 정도가 비교적 경미하고 해당 검사가 사회적 비난 등으로 상당한 정신적 충격을 받았으며 피해자를 위해 3,500만원을 공탁한 점을 감안했다"는 게 1심 재판부가 선고유예 판결을 내린 근거였습니다. 최 씨의 소송은 2심을 거쳐 대법원까지 올라갔습니다. 2008년 7월 4일 대법원 재판부는 피의자 조사 과정에서 가혹 행위를 한 혐의로 기소된 검사에 대해 선고를 유예한 원심을 확정했습니다. 한편 긴 소송이 진행되는 동안 법무부는 검찰에서 퇴직한 뒤

변호사 개업을 한 가혹행위 관련 검사에 대해 6개월 업무 정지를 명령했습니다.

최 씨의 지난한 싸움은 작은 승리로 끝났습니다. 하지만 그가 진정한 승리자라고 말할 수 있을까요? 다행스럽게도 최 씨는 2007년부터 성당에 다니면서 조금씩 건강을 되찾고 있습니다. 그러나 지금 그에겐 삶을 지탱해 나아갈 힘이 남아 있지 않습니다. 그렇다면 과연 누구의 잘못을 탓해야 할까요? 피의자 인권을 과도하게 침해한 검찰의 책임을 묻는 게 상식에 가깝지 않을까요?

기업에서 임원까지 지낸 사람이 이런 고통을 당했다면, 그런 버팀목마저 없는 사람들은 어떨까요? 가혹 행위가 문제될 때마다 경찰과 검찰은 그럴듯한 개선 방안을 내놓고 피의자 인권도 고려하겠다고 말하곤 합니다. 하지만 정말 중요한 건 문서상의 계획보다도 피의자를 대하는 기본자세가 아닐까 합니다. 죄를 지은 사람에게 우리 사회가 부과할 수 있는 벌은 법이 정한 절차에 따라 기본권의 일부를 제한하는 것에 그쳐야 합니다. 이 평범하면서도 당연한 원칙을 되새기는 것이야말로 검찰이 간과하지 말아야 할 과제일 것입니다.

샨티의 뿌리회원이 되어
'몸과 마음과 영혼의 평화를 위한 책'을 만들고 나누는 데
함께해 주신 분들께 깊이 감사드립니다.

개인

이슬, 이원태, 최은숙, 노을이, 김인식, 은비, 여랑, 윤석희, 하성주, 김명중, 산나무, 일부, 박은미, 정진용, 최미희, 최종규, 박태웅, 송숙희, 황안나, 최경실, 유재원, 홍윤경, 서화범, 이주영, 오수익, 문경보, 최종진, 여희숙, 조성환, 김영란, 풀꽃, 백수영, 황지숙, 박재신, 염진섭, 이현주, 이재길, 이춘복, 장완, 한명숙, 이세훈, 이종기, 현재연, 문소영, 유귀자, 윤홍용, 김종휘, 이성모, 보리, 문수경, 전장호, 이진, 최애영, 김진회, 백예인, 이강선, 박진규, 이욱현, 최훈동, 이상운, 이산옥, 김진선, 심재한, 안필현, 육성철, 신용우, 곽지희, 전수영, 기숙희, 김명철, 장미경, 정정희, 변승식, 주중식, 이삼기, 홍성관, 이동현, 김혜영, 김진이, 추경희, 해다운, 서곤, 강서진, 이조완, 조영희, 이다겸, 이미경, 김우, 조금자, 김승한, 주승동, 김옥남, 다사, 이영희, 이기주, 오선희, 김아름, 명혜진, 장애리, 한동철, 신우정, 제갈윤혜, 최정순, 문선희

단체/기업

주/김정문알로에 KIM JEONG MOON ALOE CO. LTD. · 환경재단 · design Vita · PN풍년

사단법인 한국가족상담협회·한국가족상담센터 · 생각과느낌 소아청소년 성인 몸 마음 클리닉

경일신경과 | 내과의원 · 순수피부과 Soon Skin Clinic · 월간 풍경소리 · FUERZA

이메일로 이름과 전화번호, 주소를 보내주시면 샨티의 신간과 각종 행사 안내를 이메일로 받아보실 수 있습니다.

전화 : 02-3143-6360 팩스 : 02-6455-6367
이메일 : shantibooks@naver.com